ビジネスパーソン 52の人格

サブ・パーソナリティ

八尾芳樹 著

セルバ出版

まえがき

自己理解といったとき、２つの側面があります。１つは自己を理解する主体的側面と、もう１つは自己理解される客体的側面です。

本書では、この２つの側面から、「個」について理解していきます。

第２章では、心の特性であるパーソナリティについての理解です。パーソナリティは個性であり、性格であり、人格でもあります。狭義の定義ではそれぞれ違いますが、ここでは同義語で使用しています。そして、パーソナリティは、一言で表すことができない数多くのサブ・パーソナリティから形成されています。

１９９５年、全国の研修参加者５００名に１人20のサブ・パーソナリティを自由記述してもらいました。そして、多くのビジネスパーソンが共通して持っているサブ・パーソナリティ（以下、ＳＰと称します）を翌年、52のＳＰトランプ仕立てにしました。このＳＰトランプを使用して、自分のＳＰについての理解、特に仕事場面で出てくるＳＰ、自宅や家庭で出てくるＳＰ、また他者から見られているＳＰについて理解します。合わせてそれらのＳＰの関係や心の中でどのようにバランスをとっているかについても理解を深めます。

第３章は、ＳＰの中でも強大なＳＰについての理解です。これらのＳＰは、まるで私たちそのものになって私たちを振り回しています。車で例えるなら前進役のドライブＳＰ、後進役のリバース

ＳＰ、そして、公害の原因にもなる排気ガスのギィルティＳＰです。合わせて心が疲れたり、心に余裕があるときに出てくるＳＰについても理解します。

第4章は、これらＳＰ特性が行動にどのような影響を与え、どのようなビジネススタイルにつながっているかの理解です。行動には2つの次元があります。1つは主張（自己主張）性です。2つ目は反応（感情開放）性です。これら2つの程度の差が物事の判断仕方、感心や興味の対象、コミュニケーション、学習の仕方、時間感覚、感情開放、フラストレーション時の行動に影響しています。そして、仕事場面で出てくるＳＰ（4つのワーキングＳＰ特性）が、仕事の強みや弱み、不安や恐れの原因、動機づけられる目標、金銭感覚とどのように関係しているかについても理解します。

第5章では、4つのワーキングＳＰ特性と学習の仕方、指導の仕方、人間関係の持ち方、コミュニケーションの仕方、そしてマネジメントの仕方など各種スタイルについての関係も理解します。

第6章では、これら自己理解を踏まえて、どのように人間力を高めるかのセルフ・エンパワーメントです。ここでは自己理解したＳＰや行動を、どのようにマネジメントするかといった主体的側面について説明します。

第7章では、日本のビジネスパーソンのＳＰに関するデータも紹介しています。

本書で皆さんの自己理解が深まり、ビジネスライフやかけがえのない人生がより心豊かなものになることを願っています。

２０１８年8月　　八尾　芳樹

ビジネスパーソン52の人格　サブ・パーソナリティ　目次

第２章　自分のパーソナリティ（心の特性）の理解　自分の持ち札を知る

第3章　強大なSPを知る　知っておきたい3種類の持ち札

第4章 自分のビジネススタイル（行動の特性）の理解

第5章　各種スタイルの理解

第6章　セルフ・エンパワーメント　人間力を高める

第7章　日本人（社会人）のサブ・パーソナリティのデータ

第1章

自己理解の
２つの視点

パーソナリティとビジネススタイル

1　パーソナリティとは

パーソナリティは個性である

パーソナリティとは、「人格、個性、性格とほぼ同義で、特に個人の統一的・持続的な特性の総体」（広辞苑）と説明されています。

また、心理学では、「個人個人の特徴的な、まとまりと統一性をもった行動様式、あるいはそれを支えている心の特性」とされています。

本書では、行動特性（様式）をビジネススタイル、そしてそれを支えている心の特性をパーソナリティと定義し、２つの観点で自己理解を展開しています。

パーソナリティ（Personality）に近い言葉に性格（Character）があります。心理学者のG.W.オルポートは、性格とパーソナリティの違いについて次のように説明しています。

「キャラクターはギリシャ語、パーソナリティはラテン語からきており、しばしば同じように使われている。そして、今日では、同義語で使われている。ヨーロッパの心理学者たちはキャラクターを使うことを好み、アメリカの心理学者たちはパーソナリティを使うことを好んでいるが、この差には面白い理由がある。キャラクターは、元来、刻み込むことや彫刻の意味を持ち、深いおそらくは遺伝や生来の固定した基礎的構造なものに対し、パーソナリティはペルソナが語源になっている。

ペルソナは、仮面の意味を持ち、外見、目に見えるもの、行動、表面的性質を思わせる」

このように性格とパーソナリティの意味は本来違うようですが、本書ではオルポートが説明しているように同じ意味で使っています。

したがって、パーソナリティを構成する要素には、深く刻み込まれたものから、仮面的に可変的なものまで様々なものが含まれているとの考え方に立っています。

2　サブ・パーソナリティとは

サブ・パーソナリティはパーソナリティの様々な部分（面）である

サブ・パーソナリティとは、パーソナリティの様々な部分（面）のことをいいます。人間の人格や個性であるパーソナリティは、一言では言い表せない様々な面や部分(真面目､めんどうくさがり、がんばり屋、小心者等）を持っています。その１つひとつを準人格化して、ニックネームをつけたものを、イタリアの精神科医のロベルト・アサージョーリはサブ・パーソナリティと称しています。

本書では、これら個人が持っている準人格であるサブ・パーソナリティ―について、理解を深めていきます。

オルポートは、アメリカの代表的な辞書であるウェブスターの中から、人の性格に関する言葉を約１万８０００語取り出し、さらに分類し、本当の性格特性といえるものを４５００個を選び出しました。

そして、各特性の強弱（高低）を調べることによって、その人の性格の特性をつかもうとしました。この『特性論』に対して、もう1つの考え方に『類型論』があります。これは、人の性格をタイプ（型）で分けて、その人の性格を知ろうとするものです。

代表的なのは、クレッチマーが提唱した体型と気質を結びつけた3つの類型（細長型、肥満型、筋骨型）やユングのタイプ論（外向・内向の2つの心的エネルギーの方向と思考・感情・感覚・直観の4つの心の働きを組み合わせた8つのタイプ）等です。

本書では、パーソナリティを52のサブ・パーソナリティに細分化し、4つのマークをつけたSP（サブ・パーソナリティ）トランプを紹介しています。

その中でどのマークのSPが多かったか、どのSPが強かったかという記述が出てきますが、これは4つのタイプのどれかの型にはめるのではなく、何のマークの特性が強かったかのSP特性論の考え方に立っています。

3　SP（サブ・パーソナリティ）トランプとは

SPトランプとは日本人のSPをカード（札）にしたもの

SP（サブ・パーソナリティ）トランプは、1995年に約500名の企業研修受講生に、1人

20のサブ・パーソナリティを自由に記述してもらい、合計1万のSPから多くの人が共通に持っているサブ・パーソナリティ52を選び、カード仕立てにしたものです。

そして、各カードには、準人格化したニックネームをつけ、イラストをつけました。そして、トランプ同様、マークと数字を記しています。

4つのマークは、1960年代アメリカのイリノイ大学のデービット・W・メリルとロジャー・H・リードが提唱した2つの行動次元（主張と反応の度合い）で交叉した4つの行動パターンからなるソーシャル・スタイルが基になっています。

ソーシャル・スタイルは、社会的行動特性ですが、サブ・パーソナリティは、行動の背景にある心の特性を扱っています。そして、軸はソーシャル・スタイルのヨコ軸である主張（Assertive）の度合いが強いベクトルの方向を、SPトランプでは心の特性としての能動的・外向的、主張の度合いが弱い方向を受動的・内向的にしました。

そして、タテ軸の反応（Reaction）の度合いが強いベクトルの方向を、SPトランプでは感覚的・人間志向、反応の度合いが弱い方向を論理的・課題志向にしました（図表2参照）。

そして、ソーシャル・スタイルの4つの行動特性に対比して背景にあるサブ・パーソナリティに4つのマークをつけました。

数字1～13については、日本の社会通念上弱みとされるものに6以下の低い数字、強みとされるものには8以上の高い数字をつけています。なお、英語の「Trump」の意味は、語原由来辞典によ

【図表1　SP（サブ・パーソナリティ）トランプの一覧表】

	ハート	ダイヤ	クラブ	スペード
1	気分屋	消極的な いじけ屋さん	内気さん	責めたがり
2	飽き性さん	優柔不断な 迷子さん	小心者	冷やや家
3	面倒 くさがり屋	緊張しすぎの のぼせ屋さん	神経質の ナーバスさん	短気な 切れ屋さん
4	わがままさん	恥ずかしがり屋	言い訳さん	計算高い 損得屋
5	アバウトさん	まわりが気になる キョロキョロさん	心配屋さん	はっきりさせたい 白黒さん
6	お調子者	さみしがり屋	プライドさん	自信家
7	しきり たがり屋	同調さん	がまんさん	無駄のない だんどり屋
8	おおらか さん	のんびりさん	努力家	物おじしない 堂々さん
9	陽気なほが らかさん	お人好し	慎重さん	負けず嫌いの 勝気さん
10	楽観的な ハッピーさん	親切な 思いやりさん	いつも冷静さ ん	ガンバリ屋
11	チャレン ジャー	人情家	正確な 几帳面さん	信念さん
12	情熱家	誠実さん	まじめさん	初志を貫く 一徹さん
13	社交家	友好家	理論家	実践家

ると遊戯やカードを意味するものではなく、「切り札」にあたるとされています。

各ＳＰのプロフィール　52枚のカード（札）

①　ＳＰの定義（日本語）
②　ＳＰの定義（英語）
③　ＳＰの定義（中国語）
④　各ＳＰはビジネスのどのような場面で出現するか（1例）
　もともと持っているＳＰが出現する場合と、その場面に対応したり乗り越えるために新たなＳＰが出現する場合がある。
⑤　ビジネス場面における長所と短所（1例）
⑥　各ＳＰの形成の歴史・エピソード（1例）
⑦　ランキング（次のＳＰの各データ参照）及び備考

・【自己選択ＳＰ】１０６４名が1人10枚選んだベスト10
・【ドライブＳＰ（行動に移さなければ悔いが残るＳＰ）】１人３枚選んだベスト10ならびに各形成時期（幼児、小学生、中学生、大学・院生）の1位のＳＰ、社会人になって形成したＳＰは第10位まで
・【ギィルティＳＰ（行動に移すと悔いが残るＳＰ）】１人３枚選んだベスト10
・【心にゆとりがあるとき、心が疲れたときに出てくるＳＰ】97名が１人無制限で選んだベスト7

ハート

♡1　気分屋

①　そのときの気分次第で行動するＳＰ
②　Fickle
③　情緒不稳定的人
④　単純な課題や仕事に直面したり、計画を立てないで仕事をするときに出てくる
⑤　長所　気分がよいときはノリがよい
短所　感情のムラがあり周りを振り回す、信用をなくす
⑥　小学生のとき、気分が乗らないと宿題をしなかったためよく親に叱られた
⑦　【自己選択】第4位　、【ギィルティＳＰ】第8位

♡2　飽き性さん

①　物事に飽きやすいＳＰ

② Capricious
③ 容易厌烦的人
④ 同じ仕事や課題が続いたり集中力がなくなったときに出てくる
⑤ 長所　幅広い分野を経験することができ、心の健康維持にも役立つ、切り替えが早い
短所　仕事や人間関係が長続きしない
⑥ ピアノ、書道、そろばん、いろいろな習い事をしたが、何をやってもすぐ辞めた
⑦【自己選択】第７位

♡３　面倒くさがり屋

① 物事を後回しにしたり避けたりするＳＰ
② Lazy
③ 讨厌麻烦的人
④ 労力、身体疲労が伴う仕事や課題に直面したとき
⑤ 長所　新たな工夫や発想が生まれる、心身の健康維持、効率化の観点が生まれる

短所　仕事や課題実行の回避や遅延
⑥　小学校に入ったら朝の会や終わりの会が長くて面倒くさかった。夏休みの日記書くのが面倒で最終日にあわてて書いた
⑦　【自己選択】第1位　、【ギィルティSP】第4位

♡4　わがままさん

①　自分の思いどおりに振る舞うSP
②　Selfish
③　任性的人
④　自分の欲求が強いときや自分のやり方で実施したいとき
⑤　長所　欲しいものが手に入り心が疲れにくい、自己主張ができる
短所　対人関係などで問題をおこす
⑥　買い物に行き欲しいお菓子を買ってもらえなくてダダをこねた
⑦　【ギィルティSP】第5位

♡5　アバウトさん

①　おおまかな大ざっぱ、何でもテキトーなSP

② Careless

③ 大大咧咧的人

④ 仕事に追われているとき、ざっくりと仕事を進めるとき

⑤ 長所　多くの仕事をこなし心が疲れにくい、他人に対しても寛大になれる
短所　仕事が雑になりミスが生じる

⑥ まじめな性格すぎて息苦しかったので、あえてアバウトに物事に当たる練習をした

⑦ 【自己選択】第3位、【ギィルティＳＰ】第9位
中学生には「アバウトさん」より「テキトーさん」のほうがわかりやすい

♡６　お調子者

① おだてに乗って勢いづいたり、得意になったりするＳＰ

② Affable (lucky going)

③ 軽率的人

④ 誰かにおだてられたとき、少しうまくいって周りが見えなくなったとき

⑤ 長所　人を和ませ場を盛り上げることができる
短所　人から軽くみられる

⑥ 学校でお調子者を演じることで周囲の人気を勝ち得た

♡7　しきりたがり屋

① 物事を適切に処理したり、前に出て目立ちたいSP

② Controling

③ 组织能力强的人

④ 場を取り仕切りたいとき

⑤ 長所　仕事や会合がスムーズに進む
短所　他者からの反発を買う

⑥ 学級委員を何度もすることで、仕切ることの楽しさを覚えどんどん使うようになった

♡8　おおらかさん

① ゆったりしていて、細かいことにとらわれないSP

② Large-hearted

③　心胸开阔的人

④　心にゆとりがあるとき、仲間や取引先に寛容さを示すとき

⑤　長所　心の中にゆとりが生じたり、周りの人を受け入れる姿勢が生まれる

短所　相手が仕事や返事を急いでいる場合はいらだちを与える

⑥　食事も勉強も寝るのもなんでも「早く」と言われて育った反発で、思春期に出てきた

⑦　【心にゆとりがあるときに出てくるＳＰ】第１位

♡９　陽気なほがらかさん

①　こだわりなく快活で、いつも明るく親しみやすいＳＰ

②　Cheerful

③　活泼开朗的人

④　楽しいことがあったとき、または逆に職場が暗いとき

⑤　長所　幸せな気持ちになり、場をなごますことができる

短所　静かにしたり熟考したい周りの人にとっては迷惑

⑥　いつも陽気な友達に人が集まっていて羨ましかったので、努力し

て身につけた

⑦【心にゆとりがあるときに出てくるSP】第4位

10 楽観的なハッピーさん

① 物事がうまくいくだろうとポジティブに考え、明るい見通しをもつSP

② Optimistic

③ 乐观的人

④ 先行きに行き詰まり感があるとき、または逆にうまくいっているとき

⑤ 長所　見通しが明るくなる
短所　根拠がない場合は、周りが何も考えていないように心配になる

⑥ いつも悪い結末ばかり考えて体調を崩すことが続き、意識して演じるようになった

⑦【心にゆとりがあるときに出てくるSP】第6位

♡11 チャレンジャー

① 特に困難な物事や未経験のことに挑戦したりするＳＰ
② Challenger
③ 挑戦人
④ 興味のある困難な仕事や課題に直面したとき、新規の仕事に着手するとき
⑤ 長所　あらたな知識やスキルの体得と未知の体験、勇気ある行動
短所　失敗や損失が生じる
⑥ 人前に出ることは苦手だったが、やったことがないクラスの委員に思い切って立候補した
⑦ 【ドライブＳＰ】第2位（大学・院生時代に形成したドライブＳＰ第1位、社会人になって形成したドライブＳＰ第4位）、【心にゆとりがあるときに出てくるＳＰ】第3位

♡12 情熱家

① 物事に向かって気持ちが燃え立つＳＰ
② Passionate and enthusiastic

③　熱情的人
④　課題や仕事に意義を見出したとき
⑤　長所　課題・仕事達成のエネルギーになる
　　短所　冷静さを失ったり周りを疲れさせる
⑥　合コンで自分好みの人に出会ったので、アタックし続けた。スポーツ観戦で気合が入って応援し続けた

♡13　社交家

①　多くの人とつきあうことを好んだり、初対面でも明るく、すぐに話かけることができるSP
②　Sociable
③　社交家
④　顧客や仕事関係との会合のとき、初対面の相手と会話できる
⑤　長所　新たな人間関係を築いたり人脈が広がる
　　短所　八方美人になったり人間関係が浅くなる
⑥　サークルで多くの人と仲良くなるため、どのメンバーにも話かけることをひたすら続けた

⑦ イラスト：手に持っているのはカクテル。カクテルパーティーのルールは、「ワンパーソン、ワンドリンク」。多くの人と浅く契る人間関係が特徴

ダイヤ

◇１　消極的ないじけ屋さん

① どうせ自分なんかという気持ちになってしまうＳＰ
② Passive and perverse
③ 消極的人
④ 周りより遅れを取ったり、周りの人のほうが優遇されているとき
⑤ 長所　人からかまってもらえたり同情される
短所　自信がない印象を与える
⑥ 親が妹ばかり相手にして放っておかれたので１人でいじけていた。かくれんぼでは何回も鬼になっても文句を言わずにいじけていた
⑦ 【ギィルティＳＰ】第７位

◇2　優柔不断な迷子さん

①　気が弱く決断力に乏しく、周囲の意見に流されて自分を見失うSP

②　Indecisive

③　优柔寡断的人

④　自分で判断を迫られたとき

⑤　長所　周囲の人の意見に耳を傾ける
　　短所　決断力に欠ける

⑥　兄弟で種類の違うお菓子を1つだけ選ぶのに、いつも妹に先を越されて取られて後悔していた

⑦　【ギィルティSP】第6位

◇3　緊張しすぎののぼせ屋さん

①　不安や心配などで平静でなくなるSP

②　Easy to blush

③　紧张的面红耳赤的人

④　人前での発表時、自分が緊張してしまい自分を見失ってしまう

⑤　長所　想像力が豊かである

短所　妄想をふくらませ不安になる

⑥ ピアノの発表会では、上手に見られようとすると緊張していつも失敗していた

◇4　恥ずかしがり屋

① 照れくさく、どう振る舞ってよいかわからないＳＰ

② Bashful

③ 容易害羞的人

④ 他者を過剰に意識したり、苦手な人と対応しないといけないとき

⑤ 長所　誰かにかまってもらえたり、異性から優しさの手が差し出される

短所　自信がなさそうな印象を与える

⑥ 幼稚園では恥ずかしくて女の子と遊ぶことができなかった

◇5　周りが気になるキョロキョロさん

① 絶えず周りを見回すＳＰ

② Easy to feel ashamed

③ 在意以別人眼光的人

④ 集団の中で自分の安全を確保したいとき、多数派や力の強い人に賛成するとき

⑤ 長所　周囲への気配りができる、周囲を観察できる
短所　落ち着きがなく、信念がないように見える、また自分を見失う

⑥ 仲良しグループの中で浮かないようメンバーの言動に注目していた

⑦ 【自己選択】第8位

◇6　さみしがり屋

① 誰かがそばにいないと寂しいSP

② Lonely

③ 寂寞的人

④ 周囲から疎外されているとき

⑤ 長所　人懐っこい
短所　1人で仕事をすると不安

⑥ にぎやかな家庭で育ったが1人暮らしをするようになって困った

◇7　同調さん

①　他人の意見・主張などに賛同したり、仲間と一緒に合わせていくＳＰ

②　Sympathizing

③　附和別人的人

④　ノーが言えない状況のとき、自分の意見がないとき、相手のメンツを立てるとき

⑤　長所　周囲と協調がとれる、チームワークを乱さない
短所　自分の意見や考え方がない、ＮＯが言えない

⑥　仲良しグループで無難にやっていくためには必要だった

◇8　のんびりさん

①　気楽で頓着しないＳＰ

②　Carefree

③　慢慢呑呑的人

④　のんびりできるとき

⑤　長所　物事にこだわらず安心感がある

短所　意思決定に時間がかかる、機敏に動けない

⑥　いつも「早く寝ろ」とか「勉強しろ」とか言われて反発した。予測が不十分で時間があると思ったとき

◇9　お人好し

①　何事も善意にとらえるＳＰ

②　Amiable

③　温和老実的人

④　他者を尊重する雰囲気のとき、相手を受容するとき、自分の状況を考えずにただ相手の要求を受けるとき

⑤　長所　他者への配慮ができる

短所　人からだまされやすい、厳しい意見が言えない

⑥　高圧的な親のもとで、親が喜ぶことだけをしてきたので、他人優先になった

◇10　親切な思いやりさん

①　他人の身の上や心情に心を配るＳＰ

② Generous

③ 温和体貼的人

④ 心に余裕があるとき、困っている人をサポートするとき

⑤ 長所　他者の気持ちや立場に配慮できる

短所　自分の考えや意見が相手に伝わらない

⑥ 電車では席を譲りなさい、人のためになる人間になりなさいといつも言われた

⑦【心にゆとりがあるときに出てくるSP】第2位

◇11　人情家

① あたたかい心をもつSP

② Obliging

③ 扶有同情心的人

④ 他人の成功や失敗に強く共感するとき

⑤ 長所　面倒見がよい

短所　情に流される

⑥ 小学校では、けんかするとき、相手が負けたらその人は悲しいだ

ろうなと思って攻撃できなかった。困っている仲間を見捨てられなかった

⑦【心にゆとりがあるときに出てくるＳＰ】第7位

◇12　誠実さん

①真心をもって人や物事に対するＳＰ

②Sincere and good-hearted

③诚实的人

④見えない部分で努力するとき、行動と気持ちが一致しているとき

⑤長所　嘘をつかず公平に人に接する。信頼される
短所　野性味に欠ける。駆け引きができない

⑥彼女の親にはひたすら誠実そうに振舞ってきた

⑦【ドライブＳＰ】第4位（社会人になって形成したドライブＳＰ第1位）

◇13　友好家

①親しく他者と交わったり、フレンドリーなＳＰ

② Genial and cordial

③ 善交朋友的人

④ 人間関係がうまくいっているとき

⑤ 長所　個別の人間関係づくりが上手
短所　多くの人との浅い人間関係づくりは苦手

⑥ 幼稚園の先生、小学校の先生と連絡を今でも取ってそのときの人間関係を大切にしている

⑦ 【心にゆとりがあるときに出てくるＳＰ】第７位
イラスト：手に持っているのはビールのジョッキ。気の合った仲間との深い人間関係を築くのが特徴

クラブ

♧１　内気さん

① おとなしくてシャイ。自分のことや意見を積極的に表現しない目立ちたくないＳＰ

② Shy

③　内向的人
④　周りでは人間関係がうまくいっているように感じるとき
⑤　長所　黙々と仕事をこなし、任された仕事はきっちりとやり遂げる
　　短所　社交性に欠ける
⑥　気づいたら幼稚園で一番の引っ込み思案だった

♧2　小心者

①　気の小さい、臆病なビビリなＳＰ
②　Timid
③　胆小的人
④　その仕事ができるか不安なとき
⑤　長所　失敗やミスが少ない
　　短所　初めての仕事に対して臆病になる
⑥　お化けが怖くてトイレに行けなかった

♧3　神経質のナーバスさん

①　ささいなことまで気にかけるＳＰ

② Nervous

③ 過度思考的人

④ 不安があるとき、欲求を脅かされるとき

⑤ 長所　細かいことに配慮できる

短所　ストレスを大きく抱える

⑥ 小学校で友達の言うことをいちいち気にして、自分1人で怒っていた

♧4　言い訳さん

① 自分の言動を正当化するために事情を説明するＳＰ

② Excuse telling

③ 喜欢辩解的人

④ 責められたとき

⑤ 長所　自分自身を保身できる

短所　周囲の反感を買う

⑥ 小さい頃からの癖で、「だってだって」と言ったら先生に猛烈に叱られた

⑦　【ギルティＳＰ】第2位

♧5　心配屋さん

①　何かの欲求が、脅かされたり、妨げられたり、また先行きを予想したときに出てくるＳＰ
②　Worried
③　容易担心去哦读得人
④　不安材料があるとき
⑤　長所　先行きの問題や課題の発見、解決ができる
短所　心の安定ができない
⑥　1人で留守番をしていると、親が帰らなかったらどうしようといつも悩んでいた
⑦　【自己選択】第2位（50代は1位）

♧6　プライドさん

①　誇りや自尊のＳＰ
②　Self-advertising (proud)

③ 自尊心強的人
④ 自分の職位や役割を意識したとき
⑤ 長所　誇り、自尊心、自負心
　短所　人に助けが求められない
⑥ 小学校のとき班長になってリーダーが立派に務まった

♧7　がまんさん

① 耐え忍ぶＳＰ
② Patient
③ 人耐力強的人
④ 自分のしたいことができないとき、自分の意見が通らないとき
⑤ 長所　自らの欲求を抑制し耐え忍ぶことができる
　短所　心身が疲れる
⑥ お兄ちゃんお姉ちゃんだからがまんしなさいといつも言われてきた
⑦ 【自己選択】第９位、【ドライブＳＰ】第６位（幼少時に形成したドライブＳＰ第１位）

♧8　努力家

①目標実現のために能力や技能を磨くＳＰ
②Effort-making
③非常努力的人
④結果が見えない仕事に対し、目の前の仕事をこなし続ける
⑤長所　目標実現や能力アップにつながる
短所　他者に依存できない
⑥学校のクラブ活動で、結果はともかく「努力することが大事だ」と言われ続けた
⑦【ドライブＳＰ】第３位

♧9　慎重さん

①注意深く軽々しく行わない、考えて考えて、まだ考えるＳＰ
②Deliberate
③深重的人
④仕事に不安を持つとき、失敗が許されないとき、過去に経験がない仕事をするとき、きな臭い相手と接するとき

⑤　長所　失敗が少ない
　　短所　決断に時間がかかる
⑥　中学のとき、卓球部で雑な攻撃をして負けて以来、モットーとした
⑦　【自己選択】第6位、【ドライブSP】第3位（社会人になって形成したドライブSP第5位）

♧10　いつも冷静さん

①　感情に左右されず、落ち着いているSP
②　Composed and considerate
③　冷静的人
④　怒りだしても仕方がないような問題が存在するとき
⑤　長所　冷静な思考、決断ができる
　　短所　面白味がない
⑥　かっとなって友達とケンカして以来、その友達と仲が悪くなって後悔した
⑦　ドライブSP第7位（社会人になって形成したドライブSP第2位）

♧ 11 正確な几帳面さん

① きちんとしているさま。すみずみまで規則正しくするＳＰ

② Correct and methodical

③ 认真干脆利索的人

④ 周りがいい加減だと感じたとき、正確さが要求される仕事のとき

⑤ 長所　完成度の高い仕事ができる。他者の見落とし等を発見できる
短所　創造的な仕事が苦手。相手に同じＳＰを強要したりすると
相手はつきあいにくい

⑥ 小学校の先生に毎日ハンカチを持っているかチェックされ、それ以来きっちりしないと気が済まなくなった

♧ 12 まじめさん

① 嘘やいいかげんなところがなく、真剣であるＳＰ

② Honest and sincere

③ 非常认真的人

④ 周りが不真面目だと感じたとき

⑤ 長所　人から信頼される

短所　面白くない人だと思われる

⑥ 正悪の判断をせず、先生の言うことを真面目に聞いてやってきた

⑦【自己選択】　第５位

♧13　理論家

① 理論にすぐれたＳＰ

② Theoretical and assertive

③ 理论分析能力强的人

④ 仕事の組立てをするとき、問題の真因や解決策を考えるとき

⑤ 長所　論理的体系的な仕事ができる

短所　創造的な仕事が苦手

⑥ 物事を片方からしか見ていないような意見を聞くと、落ち着かない

スペード

♤1　責めたがり

① 人のせいにするＳＰ

② Blameful
③ 指責・攻击型的人
④ 自分が優位に立ちたいとき、自分が正しいと思いたいとき
⑤ 長所　ディベート、論戦に強い
　短所　敵をつくる、恨みを買う
⑥ 小学校のとき、自分は悪くないのに連帯責任を負わされ、思わず同じ班の人を責めた
⑦ 【ギィルティSP】第3位

♤2　冷やや家

① 態度が冷淡であるSP
② Cold-hearted
③ 冷血・无情的人
④ 周囲を陥れたいとき
⑤ 長所　激情した人の感情を冷ますことができる
　短所　周囲の人が避けたり距離をおく
⑥ 入社時、自分の失敗を冷ややかに見る周囲の人を見て、やめよう

と思った

⑦【ギィルティＳＰ】第10位

♤3 短気な切れ屋さん

①短気でかっとなりやすいＳＰ

②Short-tempered

③容易生气的人

④怒りを抑える限界を超えたとき、責められたとき

⑤長所　感情を発散してすっきりできる

短所　周囲を不愉快にしたり、委縮させる

⑥小学生時代、友達との間で、思いどおりにならないとすぐ泣いて怒って切れていた

⑦【ギィルティＳＰ】第1位

♤4 計算高い損得屋

①損得勘定で行動するＳＰ

②Self-interested(canny)

③ 計較得失的人

④ 駆け引きをするとき、自分の保身を考えるとき

⑤ 長所　損はしない

短所　人間関係で損をする、裏切ることで信頼を失う

⑥ 高校では、卓球部よりスキー部のほうがモテると思ってスキー部に入った（しかしモテなかった）

♤5　はっきりさせたい白黒さん

① 物事を善悪、正しいか正しくないかで判断するＳＰ

② Decisive and inflexible

③ 黒白分明的人

④ 判断が必要なとき、自分の正しさをわからせたいとき

⑤ 長所　意思決定がわかりやすく判断力がある

短所　人間の心の機微が理解できない

⑥ 小学校のとき、相手が間違っているとそれを指摘したくてうずうずしていた

♤6　自信家

①　自分の行動に過剰なまでの自信を持つＳＰ
②　Confident
③　自信的人
④　自分や相手を納得させたいとき
⑤　長所　仕事は信頼されやすい
　　短所　上から目線で人の話を聞かない
⑥　中学のとき、なぜか塾に行かなくても入試は突破できるという根拠のない自信があった
⑦　中国での研修時、現地の人になぜ「自信家」の数字が６なのか質問を受けた。
　　中国や諸外国では、社会通念上強みのＳＰなので、もっと数字が高いのかも知れない。

♤7　無駄のないだんどり屋

①　事がうまく運ぶように、前もって手順を整えるＳＰ
②　Rational and well-prepared

③ 计划性强的人
④ 仕事の手順を構築するとき
⑤ 長所　手順よく仕事を進め無駄が少ない
短所　臨機応変に対応できない
⑥ 中学のとき、試験勉強は自分で計画を立て、そのとおりに実行してうまくできた
⑦ 【社会人になって形成したドライブＳＰ】第２位

♤8　物おじしない堂々さん

① 物事をこわがることなく自信を持っているＳＰ
② Dignified
③ 落落大方的人
④ 自信があるとき、逆に不安があるとき
⑤ 長所　周囲から頼もしく思われたり安心感を持ってもらえる
短所　人に弱音を吐きにくい
⑥ 試験でよくあがっていたが、模試で慣れてきて堂々とするほうがうまくいくことを学んだ

♤9　負けず嫌いの勝気さん

① 競争心が強いＳＰ
② Hard-working and competing
③ 好胜心强的人
④ 競争のある環境、職場のとき、人より優位に立ちたいとき
⑤ 長所　競争心があり、エネルギッシュ
短所　ガツガツなりすぎて、周りの人たちに嫌われる
⑥ マラソン大会でライバルに負けたが、翌年は悔しさをバネに勝った
⑦ 【自己選択】第10位、【ドライブＳＰ】第９位、

♤10ガンバリ屋

① 苦しさに負けずに頑張るＳＰ
② Hard-working and overcoming
③ 努力的人
④ 追い詰められたり、逆境に陥ったとき
⑤ 長所　仕事や課題を達成する
短所　心身を壊しやすい

⑥ 中学では、クラブ活動に打ち込んで、よくがんばった
⑦ 【ドライブＳＰ】第1位（小・中・高校生時に形成したドライブＳＰ第1位）

♤ 11 信念さん

① 固く信じて疑わないＳＰ
② Strong belief/faith holding
③ 毅力坚强的人間
④ 反論があっても、自分の信じた道を進むとき、自分の信じた基準を守るとき
⑤ 長所　物事の判断基準がぶれない
短所　柔軟性に欠ける
⑥ 受験勉強では、絶対に受かると信じて努力した
⑦ 【ドライブＳＰ】第5位

♤ 12 初志を貫く一徹さん

① 最後までくじけずに続けるＳＰ

② Impassioned and consistent
③ 堅持到底的人
④ 初志を貫徹するとき
⑤ 長所　最後までやり遂げることができる
短所　初志にこだわりすぎて方向転換できない
⑥ 中学では、複数のクラブ活動に入りたかったが、１つに集中すべきだと言われて打ち込んだ

♤13 実践家

① 理論や理念を行動に移すＳＰ
② Practical and sure
③ 付諸行动的人
④ 仮説を実行に移すとき
⑤ 長所　計画したことを実行に移すとき
短所　後輩、部下が育たない、理論づけがおろそかになる可能性
⑥ 四国遍路に行くとき、途中でやめないように周りに公言してから行って、実際に完遂した

4 SP（サブ・パーソナリティ）の法則

SPには7つの法則がある

SPには、7つの法則があります。次の法則を考慮して、自分のSPの理解を深めてください。

(1) SPには歴史がある

SPの形成は、各SPのプロフィールの説明のように歴史があります。生まれつき持っていたSP、幼児期、小学生、中学生、高校生、大学生・院生時代、そして社会人になってから等。

データによると、強大なドライブSPやギィルティSPの3分の1は社会人になってから形成されています。

(2) SPは認められることを望んでいる

SPは、誰に認められたいか!? 実はあなた自身です。SPを客観視している意識の中心であるセルフ（心の中のマネジャー）に認められることを望んでいます。

(3) SPは無視されたり抑圧されたりするとエネルギーを増す

あるSPの存在が大きければ大きいほど、真逆のSPとのバランスが必要になってきます。片方のＳＰに光を当てすぎると、真逆の影は濃くなりエネルギーを増します。

真逆のＳＰを無視したり抑圧すると、そのエネルギーが心身の疲れにつながったり、対人関係に影を落とします。

特に、無視したり、抑圧しているＳＰと同じＳＰを持っている人に対して、拒否反応が起こります。

（真逆例…「ガンバリ屋」と「のんびりさん」、「白黒さん」と「迷子さん」）

⑷　ＳＰとＳＰは仲良しになったり対立したりする

心の中にある同類のＳＰは、連合を組みます。例えば、「努力家」、「まじめさん」、「几帳面さん」同士や「気分屋」、「面倒くさがり屋」、「飽き性さん」同士です。

これらのＳＰが同盟関係を築くと、連合ＳＰの対応は困難になります。前者であれば、変に生真面目になりすぎたり、後者であれば、何もやる気が起こらなくなります。しかし、個々のＳＰには、何とか対応できるかも知れません。

また、心の中のＳＰには、相反する、ときには対立するＳＰが存在します。これらは、心の中で葛藤したり、相補関係を築きながらバランスをとっています。

⑸　他の人にある同じＳＰは反応し合う

他者と相性が合うとか合わないというのは、このＳＰが反応しています。多くの場合、相反するＳＰを持っている人とは違和感を持ち、同じＳＰを持った人には親近感を持ちます。

しかし、同じＳＰを持っていても、自分自身がそのＳＰを受容できないときは、同じＳＰを持った人を受容できない場合があります。逆に、自分にないＳＰを持った人に尊敬の念を持つ場合があります。

(3)でも説明したように、抑圧して影になっているＳＰがある場合、その影と同じＳＰを持った人には、利害のない関係であっても相手を拒否したくなります。まさに自分の影が相手に投影されているからです。

(6)　ＳＰは環境や状況によって変化する

自分が持っているＳＰでも、仕事や職場で出てくるＳＰと、自宅や家族との関係の中で出てくるＳＰは異なっています。

仕事でも、同じ職場の人とお客さんの前では出てくるＳＰも違うし、行動化しているＳＰも異なります。また、身体が疲れると、普段と違ったＳＰが出てきます。

逆に、心にゆとりがあるときは、思いがけないＳＰが出てくる場合もあります。

(7)　ＳＰの背景には欲求がある（図表２参照）

ＳＰと連鎖している内面にあるものとして、欲求や感情、思考などがあります。特に、ＳＰの背景には欲求があります。

今、お腹が空いて何かを食べたいとき、「実践家」のＳＰで食事に行くか、それとも「がまんさん」のＳＰで食欲充足するのを先送りするかなど、多くの場合、１つの欲求に対して多くのＳＰが出てきます。

４つのどのマークのＳＰを数多く持っているかで、そのマークＳＰ特性の背景にある基本的欲求

【図表2　4つのＳＰ特性と4つの基本的欲求との関係】

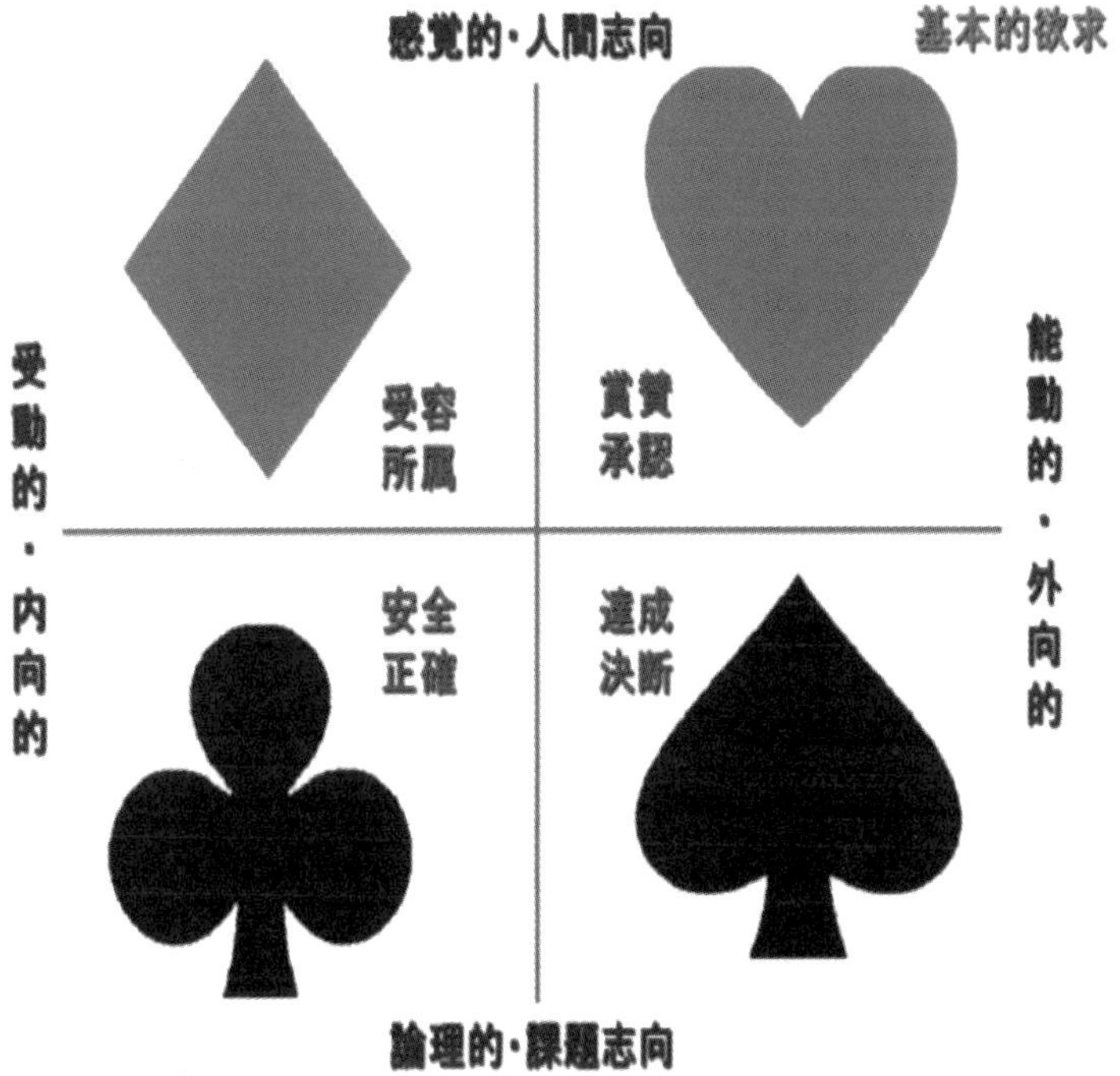

の強弱が異なります。

ハートマークのSPが多い人は賞賛・承認欲求、ダイヤマークのSPが多い人は受容・所属欲求、クラブマークのSPが多い人は安全・正確欲求、スペードマークのSPが多い人は達成・決断欲求がご自身の中で一番強いといえます（詳しくは後述）。

そして、一番強い欲求が満たされると、快やポジティブな感情、その欲求が脅かされたり満たされないと、不快やネガティブな感情が生じます。

5　パーソナリティとビジネススタイル

「心の特性」と「行動の特性」

第2章では、まず「心の特性」であるサブ・パーソナリティについての理解を深めます。

52のSPは、人によって、心の中にあると意識しているものと意識していないものがあります。この意識しているSPをパーソナルSPと称しています。そして、仕事や職場で出てきたり意識して出しているSPをワーキングSP、自宅や家庭で出てきたり出しているSPのことをホームSPと称しています。

そして、他者から見たSPや52以外の自分だけのオリジナルなSPについても考え、自己理解を広げます。

さらに、ワーキングＳＰが心の中でどのような位置関係になっているか、どのように補完しあっているかも見ていきます。

第3章では、個々のＳＰについて理解を深めます。特に、強大なＳＰについての理解です。

１つ目の強大なＳＰは、仕事をしていくときに推進役をしてくれるもので、逆境や苦境に立ったときに乗り越える役割を果たしています。これをドライブＳＰと称しています。このＳＰは、行動化（トランプ用語でいう〝カードを切る〟）しないと後で悔いが残ります。

２つ目は､逆に行動化すると後で悔いが残り、罪意識を持ってしまうＳＰです。これをギィルティＳＰと称しています。セルフコントロールするのに一番苦慮するＳＰともいえます。

３つ目は、ドライブＳＰの形成以前に持っていたＳＰで、ドライブＳＰの真逆の働きをします。ドライブが前進なら後進役を果たしているリバースＳＰです。このＳＰは、心の中にスペースをつくる役割を果たしています。

ドライブＳＰとギィルティＳＰについては、形成の歴史も考えます。そして、心が疲れたときに出てくるＳＰや、心に余裕があるときに出てくるＳＰについての理解も深めます。

第4章の自分のジネススタイルを知るでは、心の特性であるＳＰ特性と自分のビジネススタイル（ビジネス行動）との関係についての理解です（図表3参照)。

ＳＰ特性の軸は、ヨコ軸とタテ軸があります。ヨコ軸は能動的か受動的かで、タテ軸は感覚的か論理的かになります（図表2参照)。

【図表３　パーソナリティとビジネススタイルの関係】

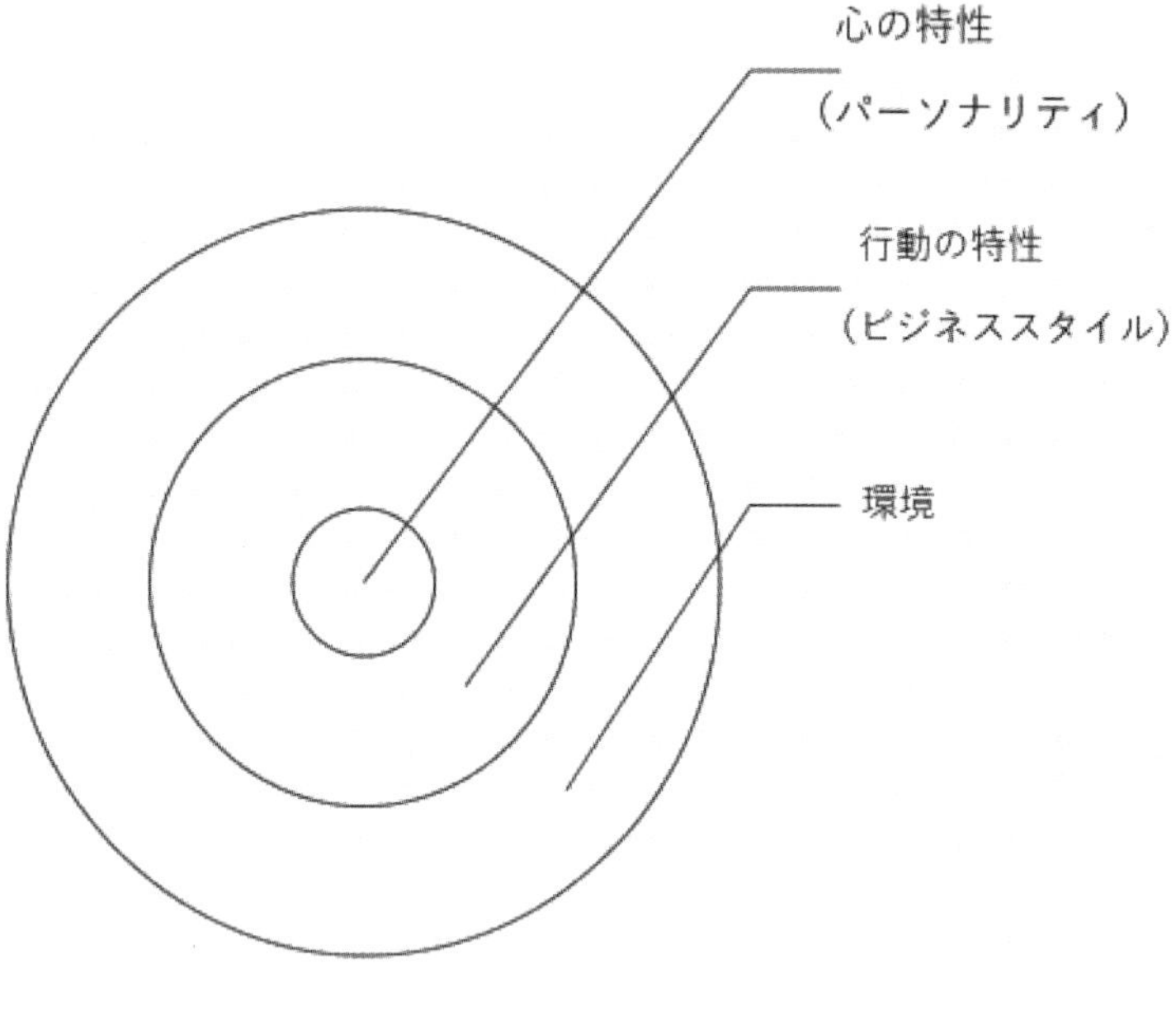

これらのＳＰ特性が、ビジネススタイルである行動特性、意思決定、コミュニケーション、志向性（外向的、内向的）、フラストレーション時の対応、物事の判断の仕方、関心や興味の対象、学習の仕方、時間感覚、感情開放度）志向に影響を与えています。どのような影響を与えているかの理解です。

そして、４つのＳＰ特性とビジネススタイルの理解です。

ビジネス行動の強みと弱み、不安や恐れの原因、動機づけられる目標、金銭感覚、ビジネスパーソンの成長課題にどのように影響を与えているかについて理解します。

第5章では、４つのＳＰ特性が学習の仕方、指導の仕方、人間関係の持ち方、コミュニケーションの仕方、マネジメントの各種スタイルにどのような影響を与えているかと、コミュニケーションについては、相手のＳＰ特性に合わせた対応の仕方についても理解を深めます。

このように心の特性であるパーソナリティ、行動の特性であるビジネススタイルと2つの観点で理解をしていくには、大きく２つの理由があります。

１つ目は、他者の言動や態度といった目に見え耳に聞こえる行動は観察することができますが、自分自身の行動は観察し続けていくことは困難です。

そして、自分の心の特性であるＳＰは、理解することはできますが、他者の心の特性であるＳＰを推察できたとしても理解するのは困難だからです。

２つ目は、自分は本来、やさしいところがあったり、ガンバリ屋のＳＰがあっても、ある環境ではそれが行動化できない場合があります。

また、逆に、自分では思いがけない責め屋や言い訳さんといったSPが出てきたりする場合もあります。このように環境が変わることによって通常のパーソナリティと違った行動をする場合があります。

社会心理学者のクルト・レヴィンはB＝f（P・E）の法則を提案しています。

B＝Behavior（行動）、f＝Function（関数）、P＝Personality（人間性、人格、個性、価値観、性格等々）、

E＝Environment（周囲の状況、集団の規制、人間関係、風土等々）

このように人間の行動は、本人の持つパーソナリティも環境によって異なったSPが出てきたり、それが行動に自然に表れるという考え方です。

本書でも、自分のパーソナリティ（SP）を知り、それぞれのビジネス環境でどのようなビジネススタイルをとるかについて理解を深めていきます。

合わせて、自分のSPをそれぞれのビジネス環境で行動化したり非行動化する、主体的側面である意志の働きについても説明します。

第2章

自分のパーソナリティ（心の特性）の理解

自分の持ち札を知る

1　自分のSP（パーソナルSP）を知る
自分の持ち札を知る

自己理解ワーク1　自分のパーソナルSPを知る (Personal SP)

私たちは、数多くのSPを持っています。気づいているものもあれば、心の奥底にしまい込んでいるSP、気の合った友達との関係で出てくるSP、仕事場面で出てくるSP、お酒を飲んだときに出てくるSP、好きな異性に出会ったときに出てくるSP、そして家に帰ったときに出てくるSPなど、数多くのSPを持っています。

これらの自分が持っているSPのことをパーソナルSPと称しています。

まず、皆さんの心の中にはどのようなSPがありますか。第1章の3の各SPのプロフィールを見ながら図表4のSP一覧表（簡易表現版）のP（パーソナル）欄に○をつけてください。

SPトランプが手元にある方は、SPトランプからパーソナルSPを選んでください。一覧表でチェックするより、SPトランプを1枚1枚手に取り、絵を眺めながら、〝このSPは心の中にある〟、〝このSPは心の中にない〟と2つに分けていくほうが自己を深く理解するのに効果的です。

そして、各マークの合計数をパーソナルSP小計欄に記入してください。どのマークのSPに○が多かったかであなたのパーソナルSP特性を知ることができます。

【図表４　SPトランプ一覧表】　（簡易表現版）

ハート			ダイヤ			クラブ			スペード		
	P	W		P	W		P	W		P	W
気分屋			いじけ屋さん			内気さん			責めたがり		
飽き性さん			迷子さん			小心者			冷やや家		
面倒くさがり屋			のぼせ屋さん			ナーバスさん			切れ屋さん		
わがままさん			恥ずかしがり屋			言い訳さん			損得屋		
アバウトさん			キョロキョロさん			心配屋さん			白黒さん		
お調子者			さみしがり屋			プライドさん			自信家		
しきりたがり屋			同調さん			がまんさん			だんどり屋		
おおらかさん			のんびりさん			努力家			堂々さん		
ほがらかさん			お人好し			慎重さん			勝気さん		
ハッピーさん			思いやりさん			冷静さん			ガンバリ屋		
チヤレンジャー			人情家			几帳面さん			信念さん		
情熱家			誠実さん			まじめさん			一徹さん		
社交家			友好家			理論家			実践家		
パーソナルSP 小計			パーソナルSP 小計			パーソナルSP 小計			パーソナルSP 小計		
ワーキングSP 小計			ワーキングSP 小計			ワーキングSP 小計			ワーキングSP 小計		
ホーム SP小計			ホーム SP小計			ホーム SP小計			ホーム SP小計		

日本人のパーソナルSPの傾向と特徴　約40%がダイヤのSP特性

パーソナルSPにはいくつ○がついたでしょうか。○の数が多ければ多いほど自分のSPに関して理解ができているといえます。○の数が少ないと、自分のSPに関しての理解が少ないといえます。

あるメーカーの技能職研修で、20代、30代、40代でそれぞれ比較したところ、30代の人が一番○の数が多かったです。対象人数がそれぞれ、25名くらいなので、このデータが普遍的な意味を持つとはいえませんが、年代によって○の数や○の内容は変化しているかも知れません。

また、社会人のデータを見ると、○が入った一番多いマークはダイヤマークで、約40%でした。そして、約30%の人がクラブ・ハートマーク、約14%の人がスペードマークに○を多くつけていました（重複回答）（第7章の図表32のパーソナルSP・ワーキングSPの割合データ参照）。

さらに、ダイヤマークは同調さん、誠実さん、周りを気にするキョロキョロさん、人情家に○をつけた人が多かったです。これは、外国人から見た日本人の特徴である、やさしい、同調的、集団志向をよく表しているSPになります。

ソーシャル・スタイルの研究者であるドナルド・シェパードは、このマークとも関連しているソーシャル・スタイル（行動次元）の背景には、次の欲求が強いと説明しています。

・ハートマークが多い（もしくは強い人）は賞賛、承認欲求
・ダイヤマークが多い人（もしくは強い人）は受容、所属欲求

・クラブマークが多い人（もしくは強い人）は安全、正確欲求
・スペードマークの多い人（もしくは強い人）は達成、決断欲求

ＳＰ特性と基本的欲求

ＳＰ特性の背景にある４つの基本的欲求を説明すると、次のようになります。

①　賞賛・承認欲求
自分が社会や集団から価値ある存在と認められ、尊重されることを求める欲求。他者からの尊敬、地位への渇望、名声、注目されたい基本的欲求。

②　受容・所属欲求
自分が社会や集団に必要とされ、社会的・集団的役割を果たしたい欲求。情緒的な人間関係、他者に受け入れられたい、どこかに所属していたい基本的欲求。

③　安全・正確欲求
経済的安定性、健康状態の維持、事故防止（危険回避）、保障といった経済的、身体的、心理的欲求。安全、安心、正確の基本的欲求。

④　達成・決断欲求
仕事の遂行や達成、最後までやりとげたい欲求。目標を達成したい、自分で物事を決めたいという基本的欲求。

日本人のパーソナルＳＰの40％はダイヤマークでした。日本人の基本的欲求は、他者や仲間からの受容や所属欲求が強い傾向にあるといえます。

2　仕事場面や職場でのＳＰを知る（ワーキングＳＰ）

自己理解ワーク2　自分のワーキングＳＰを知る　（SP at work）

パーソナルＳＰの中で、仕事場面や職場で出てくるＳＰをワーキングＳＰといいます。パーソナルＳＰとして持っていても、職場や仕事場面では出さないように努めているＳＰ、仕事をするときや顧客と接するときに努めて出しているＳＰがあります。これらがワーキングＳＰになります。

図表４のＳＰトランプ一覧表（簡易表現版）のＰ欄に○をつけたパーソナルＳＰから、職場や仕事場面でよく出てくるＳＰベスト10をＷ（ワーキング）欄に●をつけてください。10個に満たない場合は●をつけた数で結構です。

ＳＰトランプがある場合は、パーソナルＳＰの中から10枚選び、ＳＰトランプ一覧表（簡易表現版）に●をつけてください。

●をつけた数をマークごとに集計し、ワーキングＳＰ小計欄に合計数を記入してください。あなたのワーキング場面でのＳＰ特性を知ることができます。

日本人のワーキングＳＰの傾向と特徴　約40％がクラブのＳＰ特性

ワーキングＳＰは、クラブマークが41・１％と一番多く、特に、「心配屋」「まじめさん」、「慎重さん」、「がまんさん」が多く選ばれています。

職種が営業であればハートマーク、立場がマネジャーになればスペードマークが増えています。

日本人の仕事をするときの基本的欲求は安全、正確欲求が強い傾向にあります。これは、日本人のビジネス行動として、一般的にいわれている「時間に正確」「約束や時間を守る」「礼儀正しい」「品質重視」を裏づけるＳＰ特性を示しています（第７章の図表32、33のワーキングＳＰのデータ参照）。

３　自宅や家庭で出ているＳＰ（ホームＳＰ）を知る

自己理解ワーク３　自分のホームＳＰを知る（SP at home）

パーソナルＳＰの中で、自宅にいるときや家族と一緒のときに出ているＳＰを理解します。人によっては、自宅であったり、寮であったり、家族といっても１人暮らし、親と同居、夫婦２人だけ、子供や孫と一緒など様々な形態があります。

仕事や職場から帰宅し、自宅等にいるときのＳＰを理解することは、心の中のライフワークバランスを図る上で大切です。

ＳＰトランプ一覧表（簡易表現版）の自宅や家族と一緒にいるときに出てくるＳＰをＰ欄に○を

つけた中からベスト10を選び◎をつけてください。そして、マークごとに◎をつけた数を集計し、ホームSP小計欄に合計数を記入してください。

その上で、ワーキングSPと自宅（ホーム）SPを見比べてください。

＊SPトランプがある場合は、パーソナルSPの中から10枚選び、SP一覧表（簡易表現版）のP欄に◎をつけてください。

自宅や家庭でのSPの特徴と傾向

パーソナルSPは、その人が本来持っているSPですが、置かれている環境によって出ているSPや意識して出しているSPは異なってきます。

ワーキングSPは、職種や役割によって違っていましたが、自宅や家庭で出ている、出しているホームSPには2つの特徴があります。

1つ目は、家族のライフサイクルの課題や家族からの役割期待で出しているSPです。1人で自炊するとか、夫婦で出かけるとか、子育てであるとか、親の介護などもあります。そのために出てくるSPや、意図的に（自分の意志で行動化している）出しているSPです。

2つ目は、仕事や職場での疲れを癒すために出しているSPです。

自宅でのSPは、この2つSPが対立し、葛藤するときがあります。仕事で疲れたので休みの日はゆっくり何もしたくないといったSPと、家族からの役割期待に応えねばならないSPです。

子供も同様、学校で勉強やクラブ活動で疲れて、家でゆっくりのんびりしたいにもかかわらず、家でもいい子を求められ、それに応えようとして心が疲れてしまうこともあります。このように自宅でのＳＰは、ワーキングＳＰよりも心の中でのバランスをとるのが難しいかも知れません。

特に、ワーキングＳＰにクラブの数字の高いものを出していると自宅で、真逆のハートの数字の低いものを出すことによってバランスをとることができますが、家族に対しても職場同様、数字の高い社会通念上強みとされるＳＰを出し続けると、自宅や家庭が心の安らぎの場ではなくなってしまう場合があります。

４　他者から見たＳＰを知る

自己理解ワーク４　他者から見た印象を知る (SP from others)

仕事での人間関係や自宅での人間関係をよりよいものにしていくためには、職場や家族などから見たら自分がどのように映って見えているかを知ることが重要です。

自分は「几帳面だ」と思っていても、他者から見たら「アバウトさん」かもしれません。また、「がまんさん」と思っていても、他者は「責めたがり」と思っている場合もあります。

対人関係をよりよいものにするためには、自己選択したＳＰのみならず、他者から見たらどのような印象を持たれているかを知ることが大切です。

人間関係が悪化する理由の1つには、自己イメージ（概念）と違ったイメージを他者から指摘されることによって、自分を理解してくれていないと相手を責めたくなったり、理解してくれない相手から避けたくなったりすることがあります。

他者は、家族や職場のメンバー、友人など、そのときどきによって異なります。特に、初対面の場合は、最初の印象、表情や口調が相手に好印象を与えたり、逆に悪い印象を与え、不快感を与えていることがあります。

人間は、不快感を持つと、無意識に心のシャッターを降ろしたり閉めたりします。相手と商談やプレゼンにおいても、内容は相手に気にいってもらえていると思っていても、断られたりするケースの中に、相手が心のシャッターを降ろしている場合があります。

ぜひ、この機会に、他者からの印象を知ってください。他者から見たＳＰをＳＰトランプ一覧表（簡易表現版）またはＳＰトランプから2～3選んでもらってください。合わせて理由も聞いてください。できれば、パーソナルＳＰに○が入っていないものから選んでもらうと、自己理解が広がります。

5　私のオリジナルＳＰ（ジョーカー）を知る

自己理解ワーク5　自分のオリジナルSPを知る（Original SP）

今までＳＰトランプ一覧表からそれぞれのＳＰを選びました。それ以外にあなたのオリジナルな

ＳＰがあったら自由に記述してください。

私のオリジナルＳＰ（イメージが出た方はイラストも記述してください）

今までＳＰトランプを活用した研修で出てきたオリジナルＳＰについて紹介します。４つの何のマークに該当するかについては、記述者の意味を聞き分類しています。参考にしてください。

＊ＳＰトランプがある方は、白紙のジョーカーにご記入ください。

マーク別　オリジナルSP（ジョーカー例）

ハート

目立ちたがり屋、あまのじゃく、天真爛漫、大胆（またはスペード）・ロマンチスト、野心家（またはスペード）・投げ出し屋さん、つまんないさん、ゴーイングマイウェイさん。

ダイヤ

気配りさん、面倒見さん、フェミニスト、依存さん、人見知り、悲観的、世間体が気になる、Ｎｏが言えない。

クラブ

マイペース、ライトファイター（正論で戦う人）、分析家、頑固、引きこもり。

スペード

せっかちさん、暴走屋、野心家（またはハート）、王様、大胆（またはハート）さん。

マーク別に見ると、ハートマークのオリジナルＳＰ（ジョーカー）数が多いことがわかります。その理由としては、ハートマークの基本的欲求は賞賛、承認欲求が強く自己表現の欲求も強い傾向にあります。

したがって、他の人とは違うところに存在価値を見出し、オリジナリティーを大切にしている表れと考えられます。

ハートのＳＰ特性は、オンリーワンを大切しています。

人格心理学者であるオルポートは、アメリカの辞書であるウェッブスターの中に性格に関する表現を調べたところ、１８，０００あると前述しました。このように数多くのＳＰがあります。研修中受講者にどれくらいのサブ・パーソナリティがあるかと尋ねると、一番多いのが１００で、管理者クラスではときどき１０８という答えが返ってきたりします。管理者は、煩悩に悩まされているのかも知れません。このように52をはるかに超えるＳＰを私たちは持っています。

6　SPの相互関係を知る　SPのフォーメーション

自己理解6　自分のSPの相互関係を知る

パーソナルSPについては、無制限に選び、何のマークのSPが多いかを数えることにより、自らはどの基本的欲求が強いかを理解しました。

ワーキングSPについては、10枚の限定されたSPが何のマークが多いかによって、仕事を行うとき、どの基本的欲求が強いかを知っていただきました。

また、自宅や家庭におけるホームSPも10枚選ぶことによって、自宅や家庭では何の基本的欲求が強いかを知ることができました。

さらに、このワークでは、仕事や職場でのワーキングSPを10枚（職場での他者からのフィードバックがある場合、それも付け加えます。ただし、他者からのフィードバックのSPを認めることができない場合は加えなくてもよい）を付箋かラベルに転記し、そして机の上に配置することによって、仕事をしているときの心の中のSPの関連を知ってください。

心の中をX線写真を撮ったかのごとく配置してください。配置の仕方は自由です。

＊SPトランプのある方は、10枚＋他者からのフィードバックを付け加えたものを表向きに配置してください。

【図表５　配置例（イメージ図）、ワーキングＳＰベスト10】

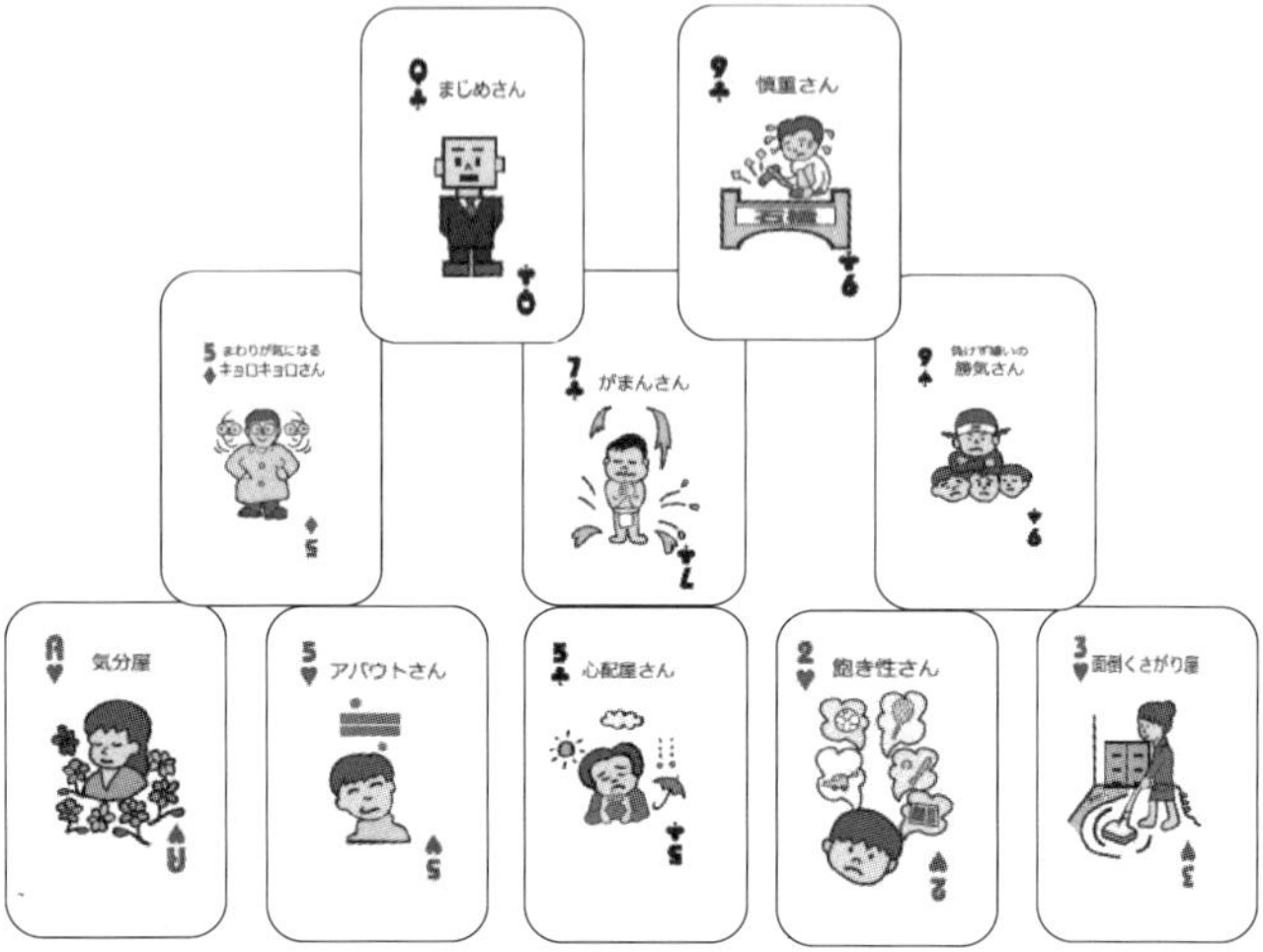

配置の傾向　心の中の位置関係

52個（枚）のSPから10個（枚）を選ぶ組合せは、約158億パターンあります。現在の地球上の人口が70億強といわれていますので、その人口の倍以上の組合せがあることになります。

すなわち、ワーキングSPを例にとっても、十人十色どころか、数えきれないくらいのSP特性があるといえます。それにジョーカーが入り、他者からのフィードバックが加わり、それらを配置すると、まさに地球上で他に例を見ない各人のワーキングSP特性を知ることができます。

配置の仕方で一番多いのは、3列配置で、次いで2列配置です。

そして、SPの中身は、一番前方（本人から一番遠いところ）には職場や他者に向けて出しているSPで、社会通念上強みとされる数字の高い「まじめさん」「慎重さん」等のSPが多いようです。

一番手前（本人に一番近いところ）には、職場で出てくるが、職場では出したくない数字の低い「心配屋さん」「気分屋さん」等のＳＰが多いようです。

２列目は、１列目を支える「負けず嫌い」や、「周りを気にするキョロキョロさん」などが配置されています。

まさに仕事をするときの心の中のＳＰのフォーメーションがわかります。20代で時々見られるのが、サッカーのフォーメーションです。ゴールキーパーを除き10のＳＰを布陣しています。「誠実さん」と「まじめさん」のツートップであったり、「チャレンジャー」が入ったスリートップの布陣が見られます。

７　ＳＰのバランスを知る

心の中のホメオスタシス（恒常性）

ワーキングＳＰで選んだ10枚や他者からのフィードバックを受けたＳＰを見てください。それぞれのＳＰや異なったマークのＳＰが、バランスをとっている場合があります。

この心の中のバランスをとりながら恒常性を図ることをホメオスタシスといいます。ホメオスタシスは、一般的に「生体が外部の環境の変化に対して内部環境を一定の状態に保とうとする性質」とされています。

心の中も同じように、仕事環境に対応するために一定の状態に保とうとしています。ワーキング

【図表６　ワーキングＳＰベスト10　マーク別配置】

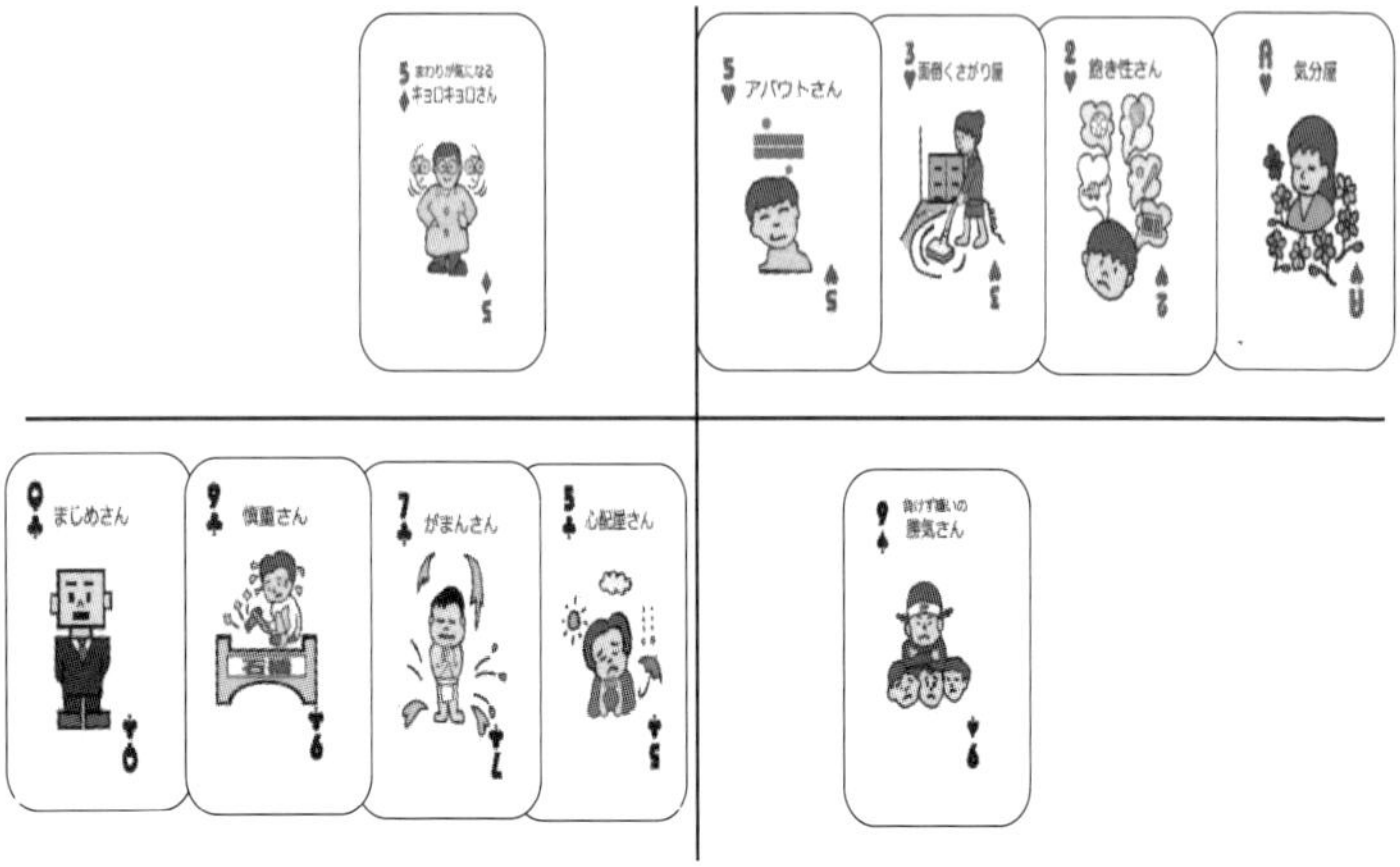

ＳＰ10枚の配置（並べ方）も外部環境に出しているＳＰを前列に、抑制しているＳＰを手前に並べる傾向にありました。これもホメオスタシスといえます。

図表６は、１０６４名の受講生が仕事の場面で選んだベスト10のＳＰを４つの象限に配置したものです。これからもわかるように、ベスト10で一番多いＳＰはクラブが４枚、ハートが４枚そしてスペード、ダイヤが各１枚になっています。

また、クラブはまじめさん（♧12）、慎重さん（♧9）、がまんさん（♧7）と真ん中の７以上の数字が３枚あるのに対して、ハートは「気分屋♡１」「飽き性さん♡２」「面倒くさがり屋♡３」「アバウトさん♡５」と４枚すべてが７より低い数字になっています。

２つの軸は真逆なので、４象限の対角にあるＳＰ（ハートとクラブ）が上手に強みと弱みが相補的関係をとりながらバランスをとっていることがわかります。

第３章

強大なＳＰを知る

知っておきたい３種類の持ち札

強大なSPを知る

主体性とは、「自分の意志・判断によって、自ら責任を持って行動する態度」（大辞林）と記述されています。

認知主体であるセルフが意志でもって特定のSPを行動化したり、日常、抑制したりしています。しかし、SPの中にはある特定のSPを行動化しなければ、後で悔いが残ったり、ある特定のSPを行動に移すと後で悔やまれたり、罪意識を持ってしまうものもあります。

このように、セルフである自我より、それを超える超自我〈良心のようなもの〉の影響を受けているSPが、強大なSPになります。

これらの強大なSPは、仕事をするときに推進役になったり、逆境に陥ったりしたときに乗り越えたりする働きをしていますが、逆にこれらに振り回されて、心の疲れにもつながります。

あなたの心の中の強大なSPについての理解を深めてください。

1　ドライブSP（仕事を推進するSP）を知る　切らないと後で悔いが残る持ち札

自己理解ワーク7　自分のドライブSPを知る (driveSP)

drive SP（通称ドライブカード）とは、日常生活や仕事場面で前進・推進役になっているSPのことです。

特に窮地に陥った場合に乗り越えたり、打開、回避したりするために行動化しているＳＰです。

そして、そのＳＰを行動化しないと、後悔したり、後で罪悪感を持ってしまいます。

アメリカの臨床心理学者であるテービー・ケーラー（TaibiKahler）ら、１９７０年代初頭にDriver について発表しました。

このドライバーは、生まれつき、その後幼少期の生育環境の中で身につけた行動パターンであり，特にストレス下で明確に表出し，その人の行動を「駆り立てる」役割を果たしていると説明しています。

そして、このドライバーは、個人のパーソナリティ特性を知る上で大いに役立つものであり、ドライバーには次の５つがあるとも説明しています。

・完全であれ＝ Be Perfect
・他人を喜ばせよ＝ Please Others
・努力せよ＝ Try Hard
・強くあれ＝ Be Strong
・急げ＝ Hurry Up

ドライブＳＰはこのドライバーに該当するＳＰのことです。

あなたのドライブＳＰをＳＰ一覧表から３つ選んでください。そして 形成の時期や理由を考えてください。

2 ドライブSPの形成時期を知る

社会人になってから、それとも子供の頃

ドライブSPの形成時期や形成理由を知ることは、そのSPに振り回されないで、心の中で適切な距離をとるのに役立ちます。

ドライブSPは、何らかの課題に直面した際、自分はこのSPで解決できるという期待や自信などの自己効力感に繋がります。

一方、そのSPが行動化できる対象が喪失すると、人生に物足りなさを感じたり、自分は価値がないと自己不全にも繋がります。

そして、そのドライブSPを行動化しないと自分らしくないと思い、過剰行動化してしまい、心の疲れの原因にもなっています。

私のドライブSPを3枚選んでください。

1

2

3

【図表７　ドライブＳＰの形成時期や形成理由を知る】

No	SP	私にとっての定義	形成時期・形成理由
例1	理論家 ♣１３	事実データで考える論拠をベースに結論を出す。	社会人になって論理的なレポートやプレゼンなどに刺激を受ける。プレゼンや会話を論理的にすると聞きいれやすくなった。
例2	ガンバリ屋 ♠１０	達成感または上達感がある目標に向けたものである。結果は他者に認められるにこしたことはないが、仮に認められなくてもよい。	小学生の頃から頑張らなければ親は認めてくれなかった。その後、ガンバリ屋のSPを行動化することによって学生時代、社会人生活に大いにプラスになった。

（第７章の図表34　ドライブSPのデータ参照）

3　ギィルティSP（行動化すると罪意識を持つSP）を知る　切ると後悔する持ち札

ギィルティSPとは、物事を推進するときに行動化することを禁じているSPのことです。窮地に陥った場合にも行動化することを抑制しているSPで、行動化してしまうと後悔したり後で罪意識を持ってしまうSPのことです。

ギィルティSPは自分の心の中にあるSPで悩みの種になることがあります。自分の性格が受け入れにくいといった場合に該当するSPです。

このSPの背景には諸々の欲求があります。SPの背景にある欲求が脅かされたり妨げられたりするとネガティブな感情が起こります。この感情によって大きく影響を受けて形成されたSPともいえます。

ギィルティSPは、ストレスや過度な緊張を軽減させる役割もあるのですが、これを行動化すると相手の欲求を脅かしたり妨げてしまい、相手を不快にし対人関係に葛藤が生じてしまいます。

このように自分自身にとってはストレス軽減のために必要なSPにもかかわらず行動化すると相手との人間関係を悪化させてしまうSPなのです。

自己理解ワーク8　自分のギィルティSPを知る（guiltySP）

ドライブSPは、自らの欲求を満たすためのSPであるのに対して、ギィルティSPは、自らの欲求が脅かされたり妨げられたときに出てくるＳＰです。車で例えるなら、ドライブＳＰが前進役、そしてこのギィルティＳＰは公害につながる排気ガスになります。

あなたのギィルティＳＰをＳＰトランプ一覧表から３つ選んでください。

イメージがわきにくい方は、次頁の図表８の事例を参考にして選んでください。

4　ギィルティSPの形成時期を知る

社会人になってから、それとも子供の頃

ギィルティＳＰの形成時期や形成理由を知ることは、ドライブＳＰ同様、そのＳＰから距離を持つのに役立ちます。ドライブＳＰは、ワーキングＳＰや他者からのフィードバックから選んでいる割合が半分強あるのに対して、このギィルティＳＰは３分の１に満たない割合になっています。それだけこのＳＰは心の深いところに追いやっているのかもしれません。

このギィルティＳＰから距離をとるためにも、ＳＰの形成時期や形成理由を理解することが大切です。

私のギィルティＳＰを３枚選んでください。

１

２

３

〔図表８　ＳＰの形成時期　形成理由〕

No	SP	私にとっての定義	形成時期・形成理由
例１	いじけ屋さん ♦１	自分にとって気に入らないとひねくれる。恐ろしいことがあると萎縮し、すくむ。	幼稚園の頃から兄に責められてよくいじけた。しかし、いじけると誰も相手にしてくれず、つらい思いをした。
例２	責めたがり ♠１	腹が立ったら出てくる。特に理不尽なことを言われたとき、戦いモードになり出てくる。	部下が言い訳したので、この責めたがりを出したところ、部下は退職した。それ以降、このＳＰを行動化することに罪意識を持つようになった。

（第７章の図表35　ギィルティＳＰのデータ参照）

5　リバースＳＰ（後進役のＳＰ）を知る　心のゆとりと創造性を生み出す持ち札

自己理解9　自分のリバースＳＰを知る（reversSP）

リバースＳＰとは、ドライブＳＰの真逆にあるＳＰのことです。ドライブＳＰで行き詰ったり、ドライブＳＰを切りすぎてモチベーションが下がったり、心が疲れたときに助けになるＳＰです。

このリバースＳＰを巧みに行動化することによって心にゆとりや、やすらぎを確保しメンタルダウンを未然に防ぐことができます。

そして、このreverseSPがrebirth（再生）にもつながり、あらたなドライブＳＰの活用にもつながります。

車を例にとると前進役のＳＰがドライブＳＰ、後進（バック）役のＳＰがリバースＳＰになります。この後進役のリバースＳＰについて理解を深めていきましょう。

リバースＳＰには2つの意味があります。1つはドライブＳＰの真逆にあるＳＰであり、もう1つは現在のドライブＳＰ形成以前に持っていたＳＰになります。

リバースＳＰは適応的退行のためのＳＰです。退行とは幼児返りでも知られているように、耐え難い事態に直面したとき、現在の自分より幼い時期の発達段階に戻ることで以前の未熟な段階の低

【図表９　リバースＳＰ】

No	ドライブ SP	リバース SP	どのように行動化（活用）するか
例１	ガンバリ屋 ♠１０	♦８ のんびりさん	休みの日の１日はのんびりする
例２	まじめ ♣１２	ジョーカー はしゃぐ	時には親しい友達とカラオケではしゃぐ

（第７章の図表36　リバースＳＰのデータ参照）

次な行動をしたり、未分化な思考や表現様式となることとされています。

このように退行は一般的に悪いイメージを持ちがちですが、適度な「退行」は心身の健康の維持にとって大切な役割を果たすといわれています。

ドライブＳＰに対するリバースＳＰは何ですか、合わせてどのように行動化したらよいかについても考えてください。

リバースＳＰの役割と効用　心の中にスペースを確保

これら健康的退行、創造的退行である適応的退行とは、自分の意志でドライブＳＰの真逆のＳＰや形成以前のＳＰであるリバースＳＰを行動化することです。

ただ、逆境を克服することによって形成されたドライブＳＰは、合わせて自尊心である「プライドさん」も形成されるのでドライブＳＰの形成以前のプリ・ドライブＳＰに返《もど》るのは、罪悪や恥じらいを感じ、ギィルティにもなりかねません。

したがって、適度な退行のためにはリバースＳＰの行動化の方法が課題になります。

一般的にいわれる「よく遊ぶ」「はしゃぐ」「はめをはずす」「童心に返る」「上手に甘える」「飽きるまで眠る」「飲食に走る」「家や部屋にこもる」等々は、このリバースＳＰの行動化の例といえるでしょう。

現在の企業や学校の環境は，働く人や子供たちにドライブＳＰを行動化し続けることを求めています。しかし、連続してドライブＳＰを行動化し続けると、自我が消耗してきます。

私たちが心の中のバランスをとり、心身の健康を維持するためには、自分のリバースＳＰを知り、自分の意志でリバースＳＰを行動化することが大切になってきます。

そして、日常生活で自分に合った適度な退行を実施することが必要です。この適応的退行は、日常生活で自我が常に緊張し続けているのを緩め、リフレッシュすることを助けます。

6　心が疲れたときに出てくるＳＰを知る

自己理解ワーク10　自分の心が疲れたときに出てくるＳＰを知る

仕事や対人関係でストレスがたまり、心が疲れると、何のＳＰが出てきますか。図表10のＳＰトランプ一覧表ＳＰの空欄に×印をつけてください。数の制限はありません。

そして、それぞれマークごとに集計してください。何か特徴や傾向があるかも考えてください。

【図表10　ＳＰトランプ一覧表】　　　　（省略表現版）

ハート		ダイヤ		クラブ		スペード	
気分屋		いじけ屋さん		内気さん		責めたがり	
飽き性さん		迷子さん		小心者		冷やや家	
面倒くさがり屋		のぼせ屋さん		ナーバスさん		切れ屋さん	
わがままさん		恥ずかしがり屋		言い訳さん		損得屋	
アバウトさん		キョロキョロさん		心配屋さん		白黒さん	
お調子者		さみしがり屋		プライドさん		自信家	
しきりたがり屋		同調さん		がまんさん		だんどり屋	
おおらかさん		のんびりさん		努力家		堂々さん	
ほがらかさん		お人好し		慎重さん		勝気さん	
ハッピーさん		思いやりさん		冷静さん		ガンバリ屋	
チヤレンジャー		人情家		几帳面さん		信念さん	
情熱家		誠実さん		まじめさん		一徹さん	
社交家		友好家		理論家		実践家	
計		計		計		計	

７　心に余裕があるときに出てくるＳＰを知る

自己理解ワーク11　自分心に余裕があるときに出てくるＳＰを知る

続いて、日常生活で心に余裕があると、何のＳＰが出てきますか。図表９のＳＰトランプ一覧表の該当欄に〇をつけてください。数の制限はありません。

ＳＰの傾向　ハート、ダイヤの数字の高いＳＰ

心に余裕があるときに出てくるＳＰは、ハート・ダイヤの数字の高いＳＰ、そして心が疲れると低い数字のＳＰが多い傾向にあります。

最近の心理学の研究では、楽しいから笑うのみならず、笑うことによって楽しくなることがわかってきました。

同じように、心に余裕があると出てくるＳＰで、思いやりがあるなら、「思いやりさん」のＳＰを行動化することによって心に余裕が生じてきます。

ＩＴ関係のメンタルタフネスの研修で、３６６名のＰＭ（プロジェクトマネジャー）に、「心が疲れるとＳＰはどのように変化するか」と聞いたところ、80％以上の人がクラブやスペードのマークのＳＰが増え、85％以上の人が数字の低いＳＰが出てくるとの答えが返ってきました。

造船重機の管理者の研修で、５０４名の管理者に「メンタルダウンになっている部下や周辺の人はどのマークのＳＰの持ち主か」と聞いたところ、ハート５％、ダイヤ25％、クラブ55％、スペードのＳＰ特性が15％でした。クラブが一番多く、ダイヤも加えた受動的、内向的ＳＰ特性が80％を占めていました（複数回答）。

特に、クラブのＳＰ特性の人が心が疲れやすい理由として、①いつも完璧さをも求めるために心の休まる間がない、②ＳＰの「言い訳さん」がギィルティＳＰになっていることが多く、ネガティブ感情が起こっても表出しない、③人とかかわるより自分の心の中に籠っていることを好むこと、などが考えられます。

定期的、または心が疲れたとき、主だったＳＰを10枚チェック（手元にＳＰトランプがある人は10枚選んで机の上に並べる）、そして気になるＳＰ、または以前にはなかったクラブ、スペードの数字の低いＳＰがあれば心許せる人に、思い切ってそのＳＰが出てきた理由やそれに伴う気持ちを聴いてもらってください。自分自身のメンタルケアになります。

また、部下や後輩に同じように実施して、気になるＳＰを聞いてあげることがメンタルサポートになります。ぜひ、試みてください（第７章の図表37　心にゆとりがあるときに出てくるＳＰ、心が疲れたときに出てくるＳＰ　データ参照）。

第4章

自分のビジネススタイル(行動の特性)の理解

ここまでは、心の特性であるパーソナリティについて説明してきましたが、本章からはビジネスの行動特性であるビジネススタイルについて見ていきます。

自分の心の中のSPは俯瞰できますが、表に出ている行動を俯瞰し続けるのは難しいです。したがって、ここでは、それぞれのSP特性がどのようなビジネススタイルの傾向があるかを説明していきます。

自分のSP特性を参考にしながら日頃の行動を振り返ってください。

そして、自分のワーキングSPとビジネススタイルの関係を知り、新たなビジネス行動をとるために何のSPを形成していけばよいのかも知ってください。

1　SP特性とビジネススタイル　行動の2つの特徴

(1)　能動的（主張的）か受動的（非主張的）か　主張の度合い

SP特性は、能動的・外向的か受動的・内向的かで、まず右側のSPが多いか、左側のSPが多いかの2つ特徴があります。

あなたのワーキングSPは何のマークが多かったですか。ワーキングSPの一覧表の各マークを合計して図表10に記入後、次の解説を読んでください。

まず、左右の関係にあるダイヤとクラブのワーキングSPの数を加えた合計数とハートとスペー

【図表11　ＳＰ特性】

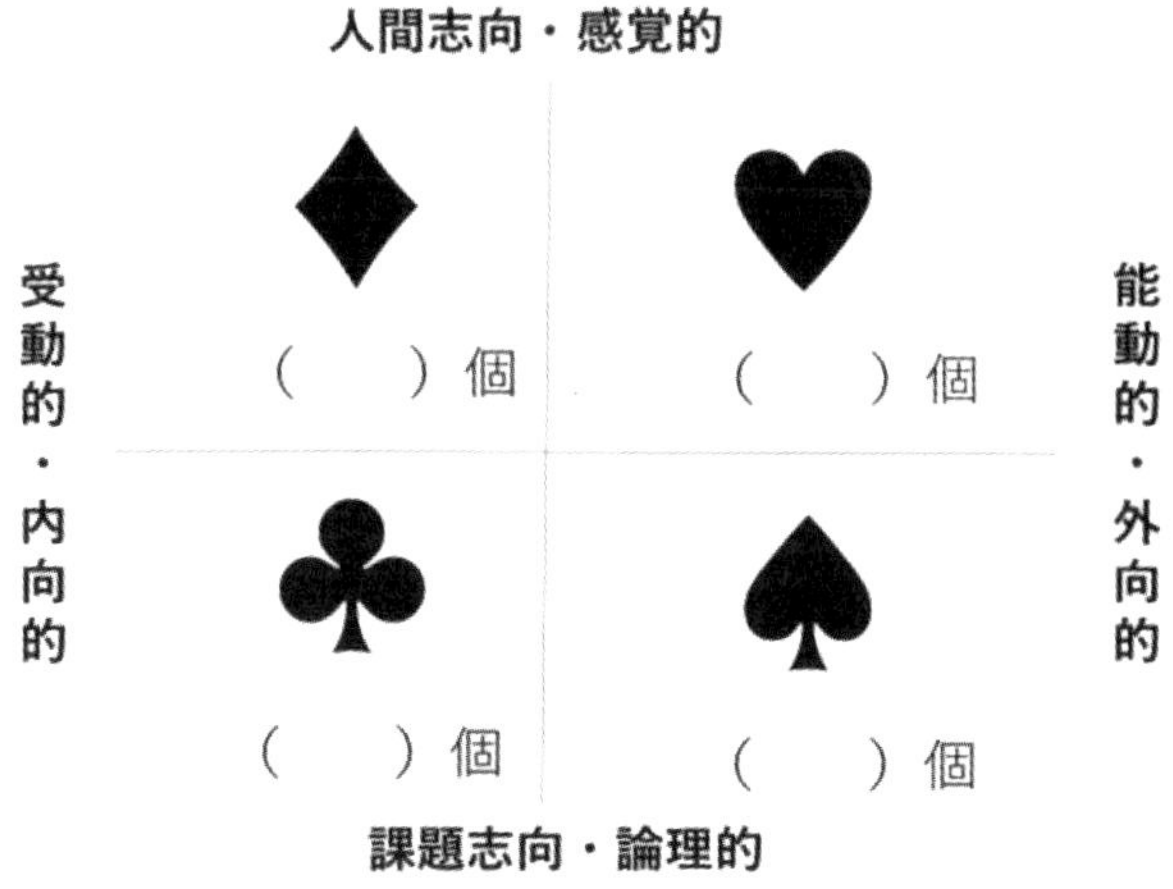

ドの数の合計数を比較します。

個々のＳＰのウエートも違うので個々のＳＰのウエートも考慮して判断してください。

左側のＳＰ合計数が多かったり特性が強いと、「受動的・内向的」、右側のＳＰ合計数や特性が強いと「能動的・外向的」になります。

左右のＳＰ特性は、ソーシャル・スタイルの行動特性であるアサーティブ（主張の程度）、並びにユングの類型論である心の働きの向き（内向か外向）とも関連しています。

次に紹介するそれぞれの事例は、多くの受講生から研修中に出てきた生の意見をまとめたものです。

左右同数や強さが同じ場合は左右のバランス、がとれていると理解してください。

ダイヤやクラブのＳＰ、ハートやスペードのSPが多い人は、それぞれどのようなビジネススタイルの特徴があるかを説明します。

（ア）行動特性
（イ）意思決定
（ウ）コミュニケーション
（エ）志向性（外向的、内向的）
（オ）フラストレーション（欲求不満）時の反応

（ア）行動特性

・♦♣（左側）
自ら率先して行動しない。リスクのあることは避ける傾向があり、闘争心に欠ける。保守的である。

・♥♠（右側）
自ら率先して行動する。リスクがあっても行動する傾向があり、闘争的である。革新的である。

（イ）意思決定の違い

・♦♣（左側）
他者の決定に従ったり、間違いのない意思決定をするため決定に時間がかかる。

・♥♠（右側）
意思決定が早い。自分で決めたがる傾向にある。

（ウ）　コミュニケーションの仕方の違い

・♦♣（左側）

人の話を聞いてから主張する。相手の話の聞き役に回る場合が多い。

・♥♠（右側）

自分の意見は主張する傾向にある。相手の話を聞くことが苦手である。

（エ）　志向性の違い

・♦♣（左側）

心のエネルギーが内に向いている。現在まで築いてきた人間関係や身近な人間関係を大切にしたり、今まで構築してきた考え方を大切にする。新たな外部環境への対応は当惑する。

・♥♠（右側）

心のエネルギーが外に向いている。新たな人間関係を築いたり、周囲が期待する課題に対しては率先して対応する。新たな外部環境に対して適当に対応することができる。

（オ）　フラストレーション（欲求不満）時の反応

・♦♣（左側）

フラストレーションやストレスが生じるとその対象から逃げたり避けたりする態度をとる傾向にある。ただし、過度のストレスがかかると攻撃的になる。

・♥♠（右側）

フラストレーションやストレスが生じるとその対象に対して攻撃したり外罰的な態度をとる傾向にある。

ただし、過度のストレスがかかると同調したり逃げたりする。

⑵　感覚的（感情開放的）か論理的（感情抑制的）か　反応の度合い

上下の関係にあるハートとダイヤのワーキングSPの数を加えた合計数とクラブとスペードの数の合計数を比較します。

上側の赤いマークのSPが強いか、下側の黒いマークのSPが強いかで次のビジネススタイルが違ってきます。上側のSP合計数が多かったり特性が強いと、「人間志向・感覚的」、下側のSP合計数や特性が強いと「課題志向・論理的」になります。上下の各合計数が同数であったり強さが同じ場合は、上下のバランスがとれていると理解してください。

そして、上下のSP特性は、ソーシャル・スタイルの行動特性であるリアクション（反応の程度）、並びにユングの類型論である心の働き（感情か思考）とも関連しています。

ハートやダイヤのSP、クラブやスペードのSPが多い人は、それぞれどのようなビジネススタイルがあるかを説明します。

（ア）　物事の判断の仕方の違い

（イ）　関心や興味の対象

（ウ）コミュニケーション
（エ）学習の仕方
（オ）時間感覚
（カ）感情開放
（キ）フラストレーション（欲求不満）時の反応

（ア）物事の判断の仕方の違い

・♦♥（上側）
事実データに対して感覚的直感的に判断する。

・♣♠（下側）
事実データに対して論拠に基づいて判断する。

（イ）関心や興味の対象の違い

・♦♥（上側）
人に対して感心や興味があり、友好的な感じがする。人なつっこい。

・♣♠（下側）
人よりも仕事や課題に対して感心や興味がある。事務的な感じがする。

（ウ）コミュニケーションの仕方の違い

〔図表12　ＳＰ特性〕

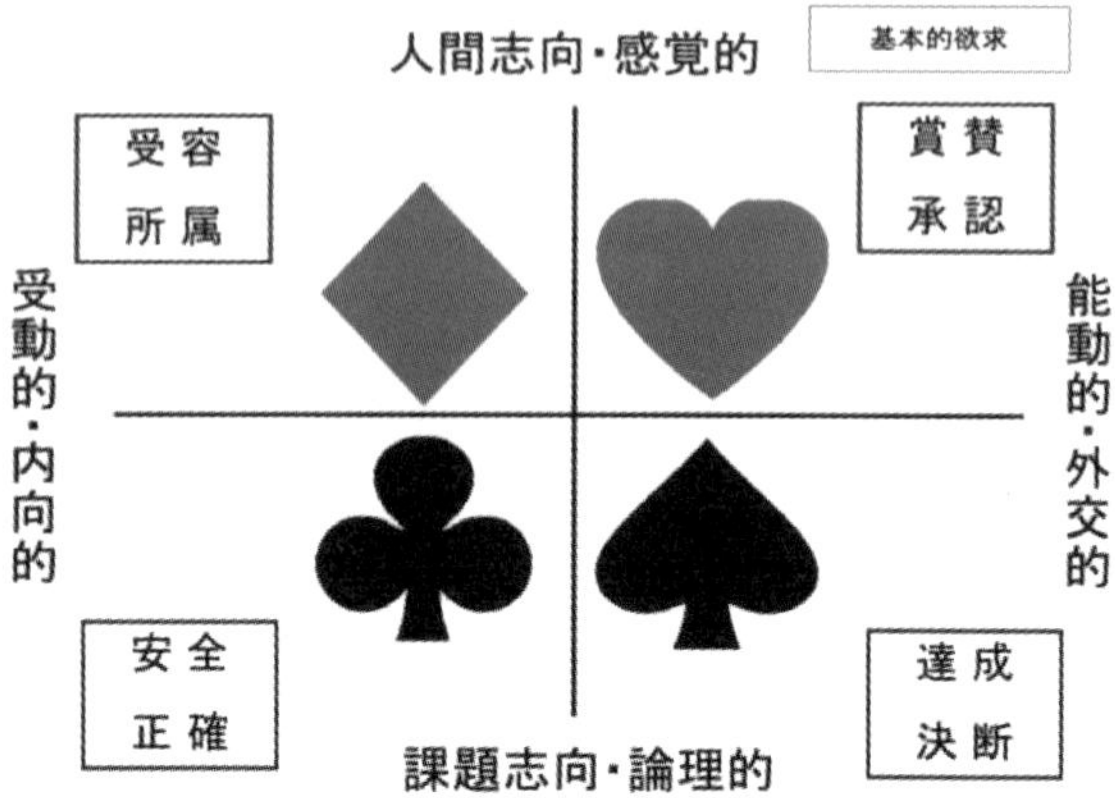

・♦♥（上側）

コミュニケーションは感覚的で非論理的。擬音や擬態語が多い。話題も個人的な話や世間話が多い。

・♣♠（下側）

コミュニケーションは事実やデータベースで論理的体系的。話題も仕事や何かの課題に関することが多い。

（エ）　学習の仕方の違い

・♦♥（上側）

学習は体験重視、身体で覚えるのが得手。

・♣♠（下側）

論理的体系的に理解するのが得手。

（オ）　時間感覚の違い

・♦♥（上側）

時間には無頓着。時間の単位も午前、午後、夜といった捉え方をする。

・♣♠（下側）

時間の捉え方は正確、時間厳守。

（カ）　感情開放度の違い

・♦♥（上側）

自分の感情や考え方はオープンで自己開示する。温かい感じがする。

・♣♠（下側）

感情は抑制的。クールな感じがする。

（キ）　フラストレーション（欲求不満）時の反応

・♦♥（上側）

フラスレーション時やストレス時は感情的になる。ただし、過度のストレスが生じると理屈っぽくなる。

・♣♠（下側）

フラスレーション時やストレス時は理屈っぽくなる。ただし、過度のストレスが生じると感情的になる。

2　ワーキングSPと４つのビジネススタイル

【自己理解ワーク12】　自分のビジネススタイルを知る

４つのマークを比較したとき、どのマークのSPが多いか、またどのマークのSPが少ないかを見ていきます。

あるマークのSPが多い場合、そのマークの特徴が色濃く出ています。そして、何かのマークのSPが少ないと、その特徴はあまり持ち合わせていないといえます。

また、数が同じ場合は、両方の特徴を同じように持ち合わせています。

前述したように、人間の性格を見る場合、2つの流れがあります。

1つは原理に基づき典型的な行動や心的特性を分類することで、その全体像をとらえる性格類型論と、もう1つは人間の性格は心理的特性の構成とその量的差異によって表すことができるという性格特性論です。

SPによる自己理解は、後者の「性格特性論」がベースになっています。したがって、ハートマークのSPの割合が多い人をここではハートのSP特性と称しています。

3　各ビジネススタイルの強みと弱み

各スタイルの強みと弱み

ワーキングSPは、何のマークが多かったですか。多かったマークでも8以上の数字が多いとそのマークの強み、6以下の数字が多い場合はそのマークの弱みが該当します。

したがって、何のマークの強みがあり、何のマークの弱みを持っているかを知ってください。

そして、該当する強みを伸ばし、弱みを意志でコントロールするか、他者に弱みを補完してもらっ

【図表13　各ビジネススタイルの強みと弱み】

項　目	ハート♥	ダイヤ♦	クラブ♣	スペード♠
８以上の SP 【強み】	・社交的で明朗 ・積極的で前向き ・チャレンジ精神に富む	・温和で友好的 ・相手に対する配慮あり ・優しい平和主義	・論理的で計画的 ・几帳面で正確 ・努力家	・責任感が強い ・決断力、達成力がある ・意志が強く実行力あり
６以下の SP 【弱み】	・いいかげん（アバウト） ・時間にルーズ ・計画性がない ・飽きやすい	・人に合わせすぎる ・自分の意見を言わなさすぎる ・自分で物事を決めない ・リーダーシップがとれない	・神経質 ・細かい ・小心 ・非社交的	・温かさに欠ける ・仕事にのめり込む ・独断的 ・高圧的

【図表14　ＳＰ特性と仕事の能力】

	ハート♥	ダイヤ♦	クラブ♣	スペード♠
仕事の能力	・行動力 ・創造力 ・活力 ・発想力 ・企画力 ・積極性 ・挑戦力 ・表現力	・対人感受性 ・指導力 ・チーム力 ・協調性 ・誠実性 ・包容力 ・関係調整力 ・対人関係力	・情報収集力 ・論理性 ・正確性 ・計画力 ・分析力 ・理解力 ・探求力 ・思考力	・実行力 ・決断力 ・目標達成力 ・能率性 ・継続力 ・率先力 ・粘着力 ・問題解決力

てください。

また、強みのＳＰやビジネススタイルを過剰活用すると、逆に問題を起こす場合もあることも知っておいてください。

各マークの強みのＳＰがあると、仕事では図表13のような仕事の能力に繋がります。

強みのＳＰがあるのにその能力がまだ発揮できていない場合は是非、知識やスキルも習得して能力に磨きをかけてください。ＳＰ特性では、十分潜在的可能性があります。

また、キャリアアップのために、他の能力の開発やその背景にあるＳＰも育ててください。

4　各ビジネススタイルの不安や恐れの原因

各スタイルのストレスの原因

仕事の不安や恐れの原因は、欲求との関係でも説明できます。各自の持っている欲求が満たされれば快やポジティブな感情が生じますが、脅かされたり満たされないと不安や恐れを感じ、不快感やネガティブな感情が生じます。

これらの欲求に関しては、いくつかの理論があります。代表的なのが、アメリカの心理学者アブラハム・マズローの欲求の段階説（1、生理的欲求、2、安全の欲求、3、社会的欲求・所属と愛の欲求、4、承認の欲求、5、自己実現の欲求）や同じくアメリカの心理学者であるF．ハーズバーグのモチベー

【図表15　ＳＰ特性と不安や恐れの原因】

	ハート♥	ダイヤ♦	クラブ♣	スペード♠
不安や恐れの原因	・刺激や変化が少ないとき ・自由裁量が少ないとき ・人の注目が自分以外にいっているとき ・自分のイメージ通りに事が進まないとき ・他者や社会に認めてもらえないとき ・笑いがとれなかったとき ・細かい手間のかかる仕事をしなければならないとき	・対人関係の葛藤 ・意見の違いが生じたとき ・プレッシャーがかかっているとき ・他者やグループから仲間はずれにされたとき ・人から不誠実にされたとき ・他者からよそよそしくされたとき	・プライドが傷ついたとき ・計画通り物事が進まないとき ・非合理的な行動を押しつけられたとき ・人にバカにされたとき ・変化が生じたとき	・負けたとき ・結論が出せないとき ・目標が見出せないとき ・他者との関係に必要以上に深入りしてしまったとき ・人に利用されたとき ・仕事が期限までに間に合いそうもないとき ・自信がぐらついたとき ・自分の信念が脅かされたとき

ション理論です。

ハーズバーグは、仕事に対する満足をもたらす要因と不満をもたらす要因が異なることを示し、前者を「動機づけ要因」、後者を「衛生要因」と呼んでいます。

このSPトランプを活用したメソッドでは、欲求に関しては強弱説の考え方に立っています。各SP特性の根底にある一番強い基本的欲求が満たされないと不安や恐れが生じ、満たされると意欲が高まるという考え方です。

日本人のパーソナルSPはダイヤ特性が多く、ワーキングSPはクラブ特性が多いように、仕事場面では本来のパーソナルな欲求と異なった欲求が強くなっています。このように欲求も環境によって異なったものが強くなると考えています。

5 各ビジネススタイルと動機づけられる目標を知る

各スタイルのやる気が出る目標

やる気である動機づけは、大きく分けると動因と誘因からなります。動因とは、人の内部にある要因によって行動が引き起こされるもので、欲求や要求とも呼ばれています。

動因の中でも生存に不可欠な食事や睡眠、排泄などは、生理的欲求と呼ばれるものと、心理的欲求（基本的欲求など）があります。

そして、誘因とは、動因を満足させる対象、または外的諸条件になります。逆に、外部からの誘因によって行動が引き起こされ、動因がそれほど強くなくても行動が引き起こされる場合もあります。

各マークの根底にあるハートのSP特性の賞賛・承認欲求、ダイヤのSP特性の受容、所属、クラブのSP特性の安全、正確欲求、スペードのSP特性の達成、決断欲求は、このやる気の動因である基本的欲求になります。

そして、各基本的欲求には、次のような具体的な欲求があります。

・賞賛・承認欲求…自己顕示したい、変化を求めたい、特別扱いされたい、場の中心にいたい、創

【図表16　ＳＰ特性とやる気の出る目標】

	ハート♥	ダイヤ♦	クラブ♣	スペード♠
基本的欲求	賞賛・承認欲求	受容・所属欲求	安全・正確欲求	達成・決断欲求
内発的動機づけの高い目標	・まわりの注目度の高い目標 ・新規性が高い目標 ・社会的承認度が高い目標 ・新しい可能性がある目標 ・特別な存在扱いされる目標 ・刺激的な目標 ・自己イメージが高まる目標	・皆のためになる目標 ・依頼者に喜んでもらえる目標 ・チームや誰かと一緒に達成できる目標 ・平和につながる目標 ・好きな人に喜んでもらえる目標	・予測可能な目標 ・リスクが少なく達成可能な目標 ・自分の勉強（知的成長）につながる目標 ・興味や関心のある目標 ・公平な目標 ・努力が報われる目標 ・自分のペースで進めることができる目標	・目的が明確な目標 ・レベル、期限、条件などが厳しい目標 ・難易度の高い目標 ・勝利が得られる目標 ・実益が大きい目標 ・競争相手がいる目標 ・自分が主導的に進められる目標 ・権力が獲得できる目標 ・決定権がある進め方ができる目標

造したい等

・受容・所属欲求…親しくしたい、他者とつながりたい、平凡でありたい、恩返ししたい、和を大切にしたい等

・安全・正確欲求…秩序を維持したい、完璧でありたい、公平でありたい、籠りたい、形式を重んじたい等

・達成・決断欲求…勝利したい、支配したい、自立したい、成功したい、競争したい、効率的でありたい等

これらの欲求は誰でも持っていますが、一番強い具体的欲求がその人の動因になり、その動因を満たす誘因がやる気の出る目標になります。

6　各ビジネススタイルの金銭感覚を知る

各スタイルのお金の使い方

お金の使い方や金銭感覚は、前項の動機づけの高い目標とも大きく関係しています。購入するモノや対象が誘因となり、動因は各マークSP特性の基本的欲求です。各マークの根底にあるハートのSP特性の賞賛・承認欲求、ダイヤのSP特性の受容、所属、クラブのSP特性の安全、正確欲求、スペードのSP特性の達成、決断欲求は、動因である基本的欲求になります。

【図表17　ＳＰ特性とお金の使い方】

	ハート♥	ダイヤ♦	クラブ♣	スペード♠
個人の金銭感覚	・こつこつ貯めるのが苦手、ローンを好む ・交際費、通信費にお金を費やす ・お金がなくなったら頑張って稼げばよいと将来で辻褄をあわす ・誰も持っていないもの新製品、新デザイン、限定モノを購入する ・金銭感覚は大雑把で無計画、衝動買いが多い ・夢や楽しみのためにはお金を惜しまない	・貯めようとするが現実には貯まらない ・交際費、通信費にお金を費やす ・友達との交際費が多い ・皆が持っているものを購入したくなる ・大胆な使い方はしないがあまり計画的な貯金は無理 ・交際にはついついお金を費やしてしまう	・小金をためる ・貯金する ・お金をためてからモノを買う ・品質がいいものを好む ・計画的で金銭感覚が細かい	・儲かることには投資する ・無駄遣いは好まない ・実用的なものを好む ・無駄遣いは嫌いだが目的のためなら計画的に大きな借金もする ・計算された賭けをする
ビジネスでの投資・出資科目	・広告宣伝費 ・商品開発 ・新規事業	・接待交際費 ・福利厚生費 ・教育費（コミュニケーション研修等）	・基本的には投資するより貯蓄 ・安全対策 ・図書費 ・設備投資（陳腐化した設備の更新・補強）	・事業拡大 ・コスト軽減 ・設備投資（生産設備の新設、生産能力の増強、合理化、省エネ、省力化、情報化）

【図表18　ＳＰ特性とビジネススタイルの成長課題】

	ハート♥	ダイヤ♦	クラブ♣	スペード♠
成長課題	・セルフコントロール（感情面・健康面） ・事実やデータに基づいた判断を行う ・時間や期限を守る・多面、多角的に考える ・計画を立てて行動する ・再点検（チエック）する	・自己決定する ・一人で実行する（依存心をなくする） ・目標指向性を持つ ・自分から提案を行なう ・自己主張を行う ・必要なときはNOをいう ・率先して仕事を行う	・応用力をつける ・自己開示を心がける ・柔軟性を持つ ・何でも自己完結しない ・他者への配慮 ・自分から他者に話しかける ・相手の気持ちを理解する	・他者への配慮 ・コンセンサス（合意）をとる ・人の話を聴く ・短期的な目標達成のみならず長期的なビジョンを持つ ・ファジーな（白黒つかない）部分も許容する

ハートは「人と違うもの」、ダイヤは「人と同じもの」、クラブは「安全や保障されたもの」、スペードは「実利的なもの」に心が動きます。

また、ハート、ダイヤのＳＰ特性は、人間志向、そしてクラブ、スペードのＳＰ特性は、課題志向ですので、前者は交際費、後者は趣味や課題達成に関するものに心が動きます。

図表18は、個人の金銭感覚とビジネスでの優先投資・出費科目例です。

7　各ビジネスパーソンの成長課題

各スタイルの成長課題

ＳＰ特性によって基本的なビジネススタイルに違いがあることが理解できたことと思います。

自分に合ったビジネススタイルで仕事をす

ることは、自分自身のモチベーションが上がり、楽しく仕事ができます。それは、基本的欲求が満たされ、快の感情が起こるからです。ただ、限られた仕事の仕方、コミュニケーションの仕方を過剰に実施すると、逆に問題が生じます。多くの問題の原因は、何かのビジネススタイルが欠如しているより、限られたビジネススタイルの過剰実施が多いようです。

もし、現在、仕事に行き詰まりを感じたり、周囲の人とうまくいかないことがあれば、新たなビジネススタイルの拡大、強化を図ってください。

ビジネススタイルの拡大の効果的方法は、各ＳＰ特性の背景にある基本的欲求を満たすために、他のビジネススタイルを手段として活用することです。

ハートであれば、注目されるプレゼンのために事実やデータに基づいた判断を行うとか、ダイヤであれば、自分が好きな人のためにチャレンジしたり、提案を行うとか、スペードであれば、達成のために他者の意見を聞いたりコンセンサスをとったり、クラブであれば、間違いのない仕事をするために他者に協力してもらったり、他者の言い分に耳を傾けることです。

これらの方法は、多少のストレスは生じるものの、自らの基本的欲求を満たしているので、新たなビジネススタイルを拡大していくことができます。

図表18の成長課題は、対角にあるＳＰ特性の行動特性を記載しています。ハートのＳＰ特性であればクラブのＳＰ特性のセルフコントロールや事実やデータに基づいた判断。ダイヤのＳＰ特性であればスペードのＳＰ特性の自己決定や、１人で実行する等です。

これらは、真逆の行動特性になるので、すべての成長課題を身につけることは不可能かも知れません。したがって、1つでも2つでも実行可能な課題を身につけてください。

心の特性であるSP特性と行動特性であるビジネススタイルの関係について見てきました。

仕事の内容が変わったり、後輩ができたり、部下ができると、今までとは違ったビジネス行動が求められます。しかし、自分の性格やパーソナリティの特性からみたら新たな行動変革は難しいと諦めている人もおられるかも知れません。確かに大きく性格やパーソナリティを変えるのは難しいでしょう。しかし、新たなSPを1つだけ活用・育成していくことは可能です。また、パーソナリティは仮面という意味からきているように、新たな仮面をつけたり、今までの仮面を外すことも可能です。

第5章では、各ワーキングSPの特性とビジネスパーソンとして必要な各種スタイルについて見ていきます。学習の仕方のラーニングスタイル、人間関係の持ち方であるヒューマンリレーション、コミュニケーションの仕方であるコミュニケーションスタイル、合わせて相手のSP特性に合わせた対応の方法はビジネスパーソン誰もが知っていると役に立つでしょう。

指導の仕方であるコーチングスタイルは、後輩や部下を持ったときに役立ちます。マネジメントの仕方であるマネジメントスタイルは、チームのリーダーやマネジャーになったときに役に立ちます。

自分のこれら各種スタイルを知ることによって、現在、仕事や対人関係が上手くいっている場合は、確信を持つことができます。また、上手くいっていない場合は、自己成長の課題や各種スタイルの改善点を見出すことができるでしょう。

第 5 章

各種スタイルの理解

【図表19　４つのＳＰ特性とビジネススタイル】

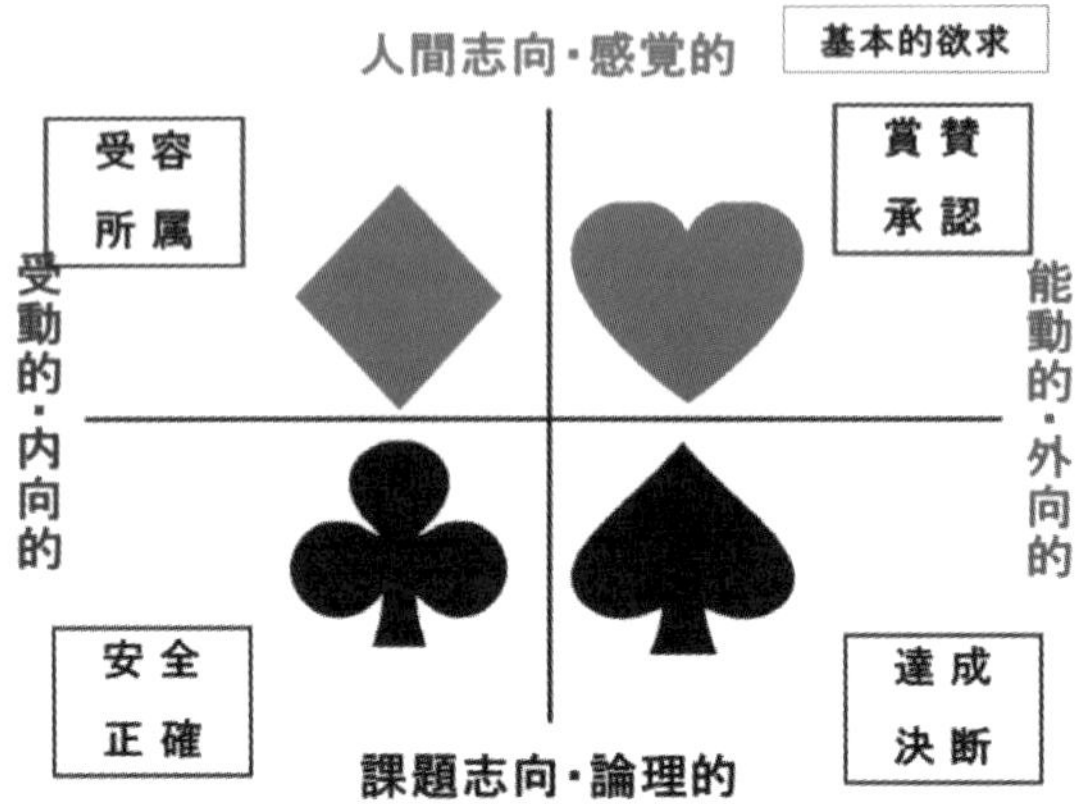

1　ラーニングスタイル学習の仕方の特徴

自己理解ワーク13　自分のラーニング（学習）スタイルを知る

自分に合った学び方を知っていることで、知識習得やスキルアップを効果的に行うことができます。

４つのＳＰ特性がベースになっている学習方法は、最終的にはすべてが必要になってきます。最初は誰かに教えてもらうのか、それとも独学するのかといった学び方の違いがあります。

誰かに教えてもらうだけでは、あるレベルまで達成しますが、それ以上は伸びません。また独学もある程度のレベルまで伸びますが、我流の域を超えることができません。

このように、すべての学習方法は、学習成果を高めるため大切になってきます。

【図表20　ＳＰ特性と学習方法】

	ハート♥	ダイヤ♦	クラブ♣	スペード♠
学習方法	・体験することを好む身体で覚える ・失敗から学ぶ痛い経験が大切、身体で覚える ・とりあえずやってみる。少しの経験でわかったような気になる ・わからないことがあるとすぐ誰かに聞いてしまう ・イメージ、感覚的に学ぶ、頭の中にイメージができることが大切 ・自主学習、細かく指導されるのは嫌い	・共同学習・共同作業を好む ・論理的に学ぶより経験するほうが合っている ・誰かに懇切丁寧に指導されることを好む ・質問、指示されても自信がないため誰かに再確認する ・失敗しないようにゆっくり学ぶことを好む ・誰かをモデルにしながら学ぶ	・階段を上るように一歩一歩学ぶ ・スケジュールやマニュアルにそって学ぶ ・リスクの少ない学習課題が安心できる ・論理的体系的に学ぶ ・納得するまで時間をかけて学ぶ	・学ぶ目的や目標を明確にする ・自分の決めたやり方で学ぶ ・自主独学で学ぶ ・論理的体系的に学ぶ ・人から細かく指導されることを好まない

もう1つは、何事も経験したり身体に覚えさせるといった経験重視か、頭で論理的に体系立って学ぶかといった違いです。これもそれぞれの方法である程度のレベルまで達成しますが、学習成果に限界があります。

経験したり、身体で覚えても、理論化したり、体系化することは大切です。また、いくら頭で知識や理論を知っていても、実際に体験しなければ生きた知識にはなりません。

この学び方のくせは、登山でいうなら山に登ることを決めたなら、山の中腹まで登るための方法です。そこからは、他の学び方を取り入れて、頂上を目指すことが大切になってきます。

自分の学び方のくせを知り、自分のSP特性に合った学習法を取り入れると、仕事のみならず、スポーツや趣味活動、何を学ぶにしても学習成果が高まります。

2　コーチングスタイル　指導の仕方の特徴

自己理解14　自分のコーチング（指導）スタイルを知る

自分の指導の仕方のくせを知っていると、相手の学習スタイルに合った指導の仕方が可能になります。

学習の仕方にいくつかのパターンがあったように、指導の仕方にもいくつかのパターンがあります。どの指導方法がよいか悪いかではなく、相手の学習スタイルを考慮した指導ができるかどうかが効果的な指導につながります。

【図表21　ＳＰ特性と指導スタイルの傾向】

	ハート♥	ダイヤ♦	クラブ♣	スペード♠
指導方法	・一対一より多くの人に教えるのが得手 ・理論を教えるより経験重視の指導の仕方をする ・イメージが湧くような指導をする ・全員参画的な指導をする ・冗談を交えながら指導する ・相手の反応がないと、教えるモチベーションは下がる	・個別指導のほうが得手 ・懇切丁寧に指導する ・相手の気持ちを配慮しながら指導する ・二人三脚で指導する ・具体的な事例を交えながら指導する	・指導計画や資料を十分準備してから指導する ・論理的体系的に指導する ・講義や説明時間に長い時間をとる ・スケジュールやマニュアルにそって教える ・準備したものはすべて教える	・学ぶ目的や目標を明確にしてから教える ・相手に任す指導の仕方をする ・ポイント重視の指導の仕方をする ・説明にあまり時間をとらない ・効率重視の教え方をする

そのためには、自分の指導のくせを知ることです。そして、相手の学習スタイルを知り、それに合わせた指導ができることです。

もし、相手の学習スタイルより自分の指導方法を優先する場合、相手にストレスがかかっていることに配慮することが大切です。

指導の仕方にも2つの特徴があります。

1つは、こちらが主導的に教えるのか、相手に支援的に指導するかです。ときどき教え魔といわれる人がいます。この人は、いつも主導的な指導をする人かも知れません。効果的な指導は、相手が自主独学的に学ぶ人には支援的に、そして相手が依存してくる場合は主導的に指導することです。

もう1つの特徴は、論理的に指導するか、経験重視の指導方法をとるかです。これも相手が経験重視であれば、できるだけ体験する機会を与えるほうが伸びます。

また、相手が知識重視の論理的体系的に学ぶ場合は、論理的体系的に指導する方法が効果的です。知識重視の相手で、こちらが十分な知識を持ち合わせていない場合は、知識を持った人か専門家に指導してもらうとよいでしょう。

前項の学習の仕方でも説明したように、相手の学習がある程度進んだ段階で違う指導方法をとることも大切です。

自分の指導スタイルを知り、相手の学習スタイルに合わせた指導は効果的です。子育てにおいても、子供が自主的に学ぼうとした場合、親は見守るか支援的に、そして子供が依存してきたときには、主導的に教えることは大切です。子育ても同じことがいえます。

3　ヒューマンリレーションスタイル　人間関係の持ち方の特徴

自己理解15　自分のヒューマンリレーション（人間関係）スタイルを知る

職場の人間関係は、職場生活が楽しいか、それとも苦痛かの大きな要因になっています。フレデリック・ハーズバーグが提唱した動機づけ理論によると、人間が仕事に満足感を感じる要因（動機づけ要因）と不満足を感じる要因（衛生要因）は、別物であるいう考え方です。そして、職場の人間関係は、衛生要因に入るという研究結果です。

人間関係には、上司との人間関係と同僚との人間関係等がありますが、特に上司との人間関係が不満足を感じる衛生要因になっています。また、厚生労働省の職場のストレスに関する調査でも、職場の人間関係が、例年ストレスの上位にランクされています。さらに、若い人の退職理由の上位にもなっています。

ＳＰで見ると、人間志向のダイヤやハートのＳＰ特性が強い人は、この人間関係が課題志向の他のＳＰ特性の人より不満足を感じる要因になっています。ある企業で入社2年目の研修受講生に尋ねたところ、この人間関係が半数くらいの人は動機づけ要因にもなっていました。

クラブやスペードのＳＰ特性の人は、職場の人間関係やコミュニケーションは仕事を進める上で

【図表22　ＳＰ特性と人間関係の持ち方の特徴】

	ハート♥	ダイヤ♦	クラブ♣	スペード♠
人間関係	・社交的で多くの友人をもちたい ・人間関係は広く浅くなりがち ・多くの友達や知合いがいることが嬉しい ・楽しい仲間づくりが得意でリーダーシップもとれる ・初めての人でも気楽に対応できる	・周囲の人とうまく人間関係を持ちたい気持ちが強い ・皆から好かれたいと思う気持ちが強い ・よく「すみません」「ごめん」という言葉を連発する ・多くの人より特定の人と親密な関係を持ちたい ・初めての人には人見知りする	・興味や関心の似ている人と丁寧な付合いをしたい ・友達は数少ないが無二の親友をつくる ・基本的には人と付き合うより１人でいるほうを好む ・仕事の人間関係をプライベートに持ち込みたくない	・人間関係には深入りしたくない ・無駄な付合いを好まない ・ベタベタした人間関係を好まない ・友情や愛情よりも仕事や目的を優先しがち ・必要ならリーダーシップを発揮する

の手段なのに対して、ダイヤ、ハートのＳＰ特性はやる気である動機づけ要因になっています。

職場の人間関係の持ち方には、いくつかのパターンがあります。自分の人間関係の持ち方、職場の上司やメンバーの人間関係の持ち方を知っていると、よりよい人間関係を構築したり、人間関係からくるストレスの軽減になります。

人間関係に対する考え方も、人間関係がまず優先なのか、それとも人間関係は仕事をする上での手段なのかといった考え方の違いがあります。また、多くの人と浅い人間関係を好むのか、特定の人と深い親密な人間関係を好むのかとの違いもあります。さらに、人間関係を持つことが好きなのか、誰とも邪魔されずに1人でいるほうがいいという人もいます。

あなたは、どのような人間関係を好みますか。図表22を参考に理解してください。

4　コミュニケーションスタイル　コミュニケーションの仕方の特徴

自己理解16　自分のコミュニケーションスタイルを知る

コミュニケーションとは、一般に意思疎通や情報の伝達と訳されています。厳密には、「人間関係を促進することを目的に、意思や態度を共有化することを期待して、受け手と送り手がお互いに伝達あるいは交換する過程」をいいます。

ここでいう意思とは、自分の考え方であり、態度とは、物事を取り組むときの姿勢や自分の気持

【図表23　ＳＰ特性とコミュニケーションの特徴】

	ハート♥	ダイヤ♦	クラブ♣	スペード♠
コミュニケーション	・ユーモアをまじえてよくしゃべる ・話の中心になる ・擬音語（ドン、バン、ビシ等）や擬態語（キラキラ，ダラダラ、フラフラ等）が多い ・話の内容が大げさ ・自分の体験を語ることが多い	・聞き役になることが多い ・自分の意見はあまり語らない ・ハート同様、擬音語、擬態語が多い ・話題は仕事より個人に関することを好む ・親しい人とはよくしゃべる	・受け身、口数が少ない ・興味のあることだけ話す ・話だしたら正確に説明するため話が長くなる ・個人的な話より仕事に関する話題を好む ・論理的体系的に話す	・無駄なおしゃべりを好まない ・相手の話を聞くのが苦手 ・目的があれば積極的にしゃべる ・個人的な話は好まない ・仕事に関する話題を好む

ち、感情を指します。

経営学者であるピーター・ドラッカーは、コミュニケーションについて次のように定義しています。

⑴　コミュニケーションは知覚である：相手に知覚されて初めて成立する。受け手の記号を使わない限り成立しない。

⑵　コミュニケーションは期待である：われわれは期待しているものだけを知覚する。受け手が期待しているものは何かを知ることなくコミュニケーションを行うことはできない。

⑶　コミュニケーションは要求である：コミュニケーションは受け手に何かを要求する。受け手の価値観や欲求や目的に合致したときに最も強力になる。

⑷　コミュニケーションは情報ではない：単なる情報より相手と共通の経験を持つこと画大切である。

このように上手にコミュニケーションを行っていくためには、相手が期待していることや相手にとってわかりやすい言葉や説明の仕方が重要になってきます。

ハート、ダイヤの人は、感覚的な話し方を好み、クラブ、スペードの人は、論理的な話し方を好みます。また、左側のダイヤ、クラブの人は、自分から積極的に話さず聞き手に回ることが多く、右側のハート、スペードの人は、相手の話を聞くのが苦手な傾向があります。

他者対応（ヒューマンリレーション＆コミュニケーション）対応の４つのレベル

ヒューマンリレーション（人間関係）やコミュニケーションなど他者への対応には、次の４つの段階（レベル）があります。

1つ目の対応レベルは、基本的対応です。これは誰もが好むＳＰを行動化し、誰もが好まないＳＰを行動化しない対応です。

「誠実さん」や「同調さん」等は、多くの人が好むＳＰであり、「切れ屋さん」、「責めたがり」のＳＰは、誰もが嫌がるＳＰになります。

このように、誰もが共通して好んだり嫌がるＳＰを行動化したり、また行動化することを抑制する対応が、この基本的対応になります。

2つ目の対応レベルは、ＳＰ特性に合った対応です。4つのＳＰ特性によって好むＳＰと好まないＳＰは違ってきます。

3つ目の対応レベルは、個別対応です。十人十色といわれるように、それぞれの個性に合わせた対応です。

そして、4つ目のレベルが、実存的対応です。この実存とは、相手の主体性を尊重した対応になります。私たちは、数多くのＳＰを持っていますが、そのときどきの状況や仕事の内容によって行動化したいＳＰは異なってきます。相手のそのときどきのＳＰに合わせた対応が、この実存的対応レベルになります。

【図表24　他者対応レベル】

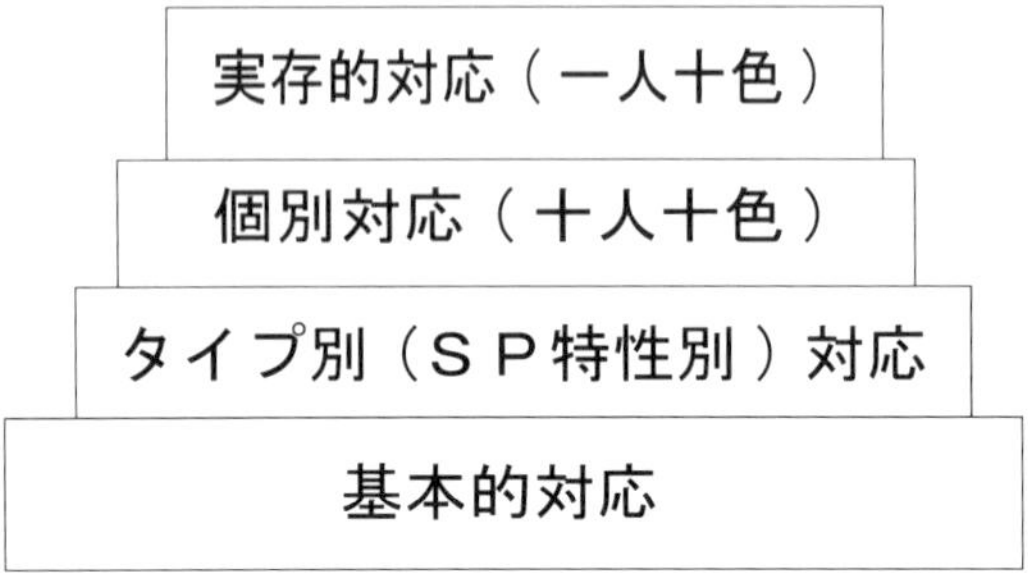

きょうは「チャレンジャーを行動化したい」と思うときもあれば、「慎重にいきたい」ときもあります。また、情熱家でいきたいときもあれば、冷静さんで課題に取り組みたいときもあります。そのときどきの相手のＳＰに合わせた対応が、このレベルです。十人十色に対して一人十色的な対応になります。

他者への対応で望ましいのは、個別対応や相手の主体性を尊重した実存的対応です。そして、仕事していく上でコミュニケーションをとるのを苦手としている人や、個別対応に苦慮している人との関係構築の糸口を見出すのに役立つ対応が、ＳＰ特性に合わせたタイプ別対応になります。

相手のＳＰ特性を知る方法　相手の行動からＳＰ特性を知る

ＳＰトランプ一覧表があれば、相手に該当するＳＰをチェックしてもらったり、ＳＰトランプがあれば、自分にぴったりくるカードを10枚選んでもらうことによって相手のＳＰ特性を知ることもできますが、初対面であったり、上司、顧客に対してはそうもいきません。

ＳＰ特性は、２つの行動次元が交差した４つの象限に対応していると説明しましたが、その２つの行動次元がわかれば、相手のＳＰ特性の仮説を立てることができます。

１つは、自己主張（Assertive）の度合いです。聞くよりしゃべることのほうが多い、スピーディーでエネルギッシュ、すぐ決定したがる特徴があります。

この度合いが強いと右側のハート、スペードのＳＰ特性、人の意見を聞いてからしゃべる、ゆっくりしたペースで物静か、決定が遅い特徴があると左側のダイヤ、クラブのＳＰ特性が強いといえます。

２つ目は、反応（Reaction）の度合いです。反応がある人は、感情表現が豊か、フレンドリー、くつろいだ雰囲気などの特徴があります。

この度合いが強いと、上側のハート、ダイヤのＳＰ特性、感情を示さない、事務的、クールであればクラブ、スペードのＳＰ特性が強いといえます。この左右、上下の行動特性からＳＰ特性を知ることができます。

５　相手のＳＰ特性に合わせた対応　相手の基本的欲求を満たす

自己理解ワーク17　相手が望むＳＰと嫌がるＳＰを知る

イタリアの精神科医のロベルト・アサジョーリは、意志発揮の側面には、強い意志以外に、知恵を伴った巧みな意志、愛を伴った善い意志の３つの側面があると説明しています（次頁参照）。そして、善い意志は、自分の心身や他者、そして地球環境まで意識の対象の広がりがあると述べています。

ビジネスでは、顧客、関連会社の担当者、上司、同僚、部下、後輩といろいろな人間関係がありますが、相手が嫌がるＳＰを抑制し、相手が望むＳＰを行動化するのがこの善い意志の発揮になります。

日頃の仕事関係者を思い浮かべながら、相手が望むＳＰと非行動化の具体例、相手が嫌がるＳＰと行動化の具体例を考えてください。

図表25には、相手のＳＰ特性ごとに望むＳＰと避けるべきＳＰ、具体的行動例を紹介しています。

【図表25　相手のＳＰ特性】

相手	好ましいＳＰ		避けるべきＳＰ	
	ＳＰ例	具体的行動例	ＳＰ例	具体的行動例
♥ハート	同調さん 情熱さん お調子者 ほがらかさん 社交家	相手のアイデアや考え方を支持する 熱意を持って語る 冗談やノリを大切にする 楽しい雰囲気を大切にする 社交的に接する	理論家 冷やや家 内気さん 心配屋さん 几帳面さん	理屈に固執しない 冷ややかな態度はとらない 内にこもらない 否定語はいわない 細かいことはいわない
♦ダイヤ	思いやりさん 同調さん 誠実さん 友好家 のんびりさん	相手の気持ちに配慮し感謝の気持ちを示す 反論には耳を傾ける 協調的、誠実な態度で ２人３脚の態度で ゆっくり相手のペースで	冷やや家 責めたがり 白黒さん 切れ屋さん 理論家	相手への無反応、無関心は避ける 相手を理屈で責めない 結論を急がせない プレッシャーをかけない 理論に固執しない

♣クラブ	理論家 慎重さん まじめさん 同調さん 几帳面さん	論理的体系的に説明 ゆっくりしたペースで まじめに真摯な態度で 相手の考え方に配慮する 詳細な事実、データが記載されている資料で説明する	アバウトさん 情熱家 面倒くさがり屋 白黒さん 信念さん	いいかげんな表現をしない 感情や熱意は抑え気味に 投げやりにならない 結論を急がせない こちらの考え方を押しつけない
♠スペード	損得さん 自信家さん だんどりさん 理論家 実践家	相手に実益があるように 確固たる態度で 無駄を避け効率的に対応する 論理的体系的に説明 言われたことはすぐに行動に移す	アバウトさん のんびりさん 気分屋さん いじけ屋さん 友好家	いいかげんな表現をしない ゆっくりした話し方や対応はしない 感情的にならない 追従的、あいまいな態度はとらない なれなれしい態度をとらない

【参考】
・強い意志の側面：頑張る、戦う、悪しき習慣をやめる、断固たる抵抗、拒否、継続して行う。
・巧みな意志の側面：効率性、計画性、知恵を使う、工夫、タイミングを考えて実施する。
・善い意志の側面：心身を大切にする、相手に配慮する、家族を大切にする、地球環境を大切にする。

6　マネジメントスタイル　マネジメントの仕方の特徴

自己理解ワーク18　自分のマネジメントスタイルを知る

ＳＰ特性によって仕事の仕方が違うように、マネジメントの仕方も違ってきます。マネジメントの違いによるよし悪しはありません。

相手の学習スタイルによって指導スタイルが違ったように、メンバーのＳＰ特性やチームや職場の置かれている環境によって自分自身のマネジメントスタイルがうまくいく場合もあれば、うまくいかない場合もあります。

効果的なマネジメントを行うためには、自分のマネジメントスタイルを知り、メンバーのＳＰ特性や能力を知り、職場やチームの置かれている状況に合ったマネジメントを行うことが大切です。また、１人でマネジメントするのではなく、職場のキーパーソンを育てたり、不足している部分を補ってくれるパートナーを確保することも大切です。

マネジメントの仕方はあなたのＳＰ特性が大きく影響しています。

ハート、ダイヤのＳＰ特性がある人は人間志向になり、クラブ、スペードのＳＰ特性がある人は課題志向になります。

またダイヤ、クラブのＳＰ特性がある人は支援的なマネジメントスタイル、そして、ハート、スペードのＳＰ特性の人は自ら率先垂範したり、主導的なマネジメントスタイルになります。

図表26の各ＳＰ特性とマネジメントスタイルを参考にして、現在、マネジメントが上手くいっている場合は、自分のマネジメントスタイルに確信を持ってください。

もし、うまくいっていない場合は、他のマネジメントスタイルの行動も新たに取り入れてみてください。

他のビジネススタイルから新たな行動を取り入れるのに効果的な方法は、対角にあるＳＰ特性のマネジメントスタイルから１つ選ぶやり方です。

ビジネススタイルの成長課題でも説明したように、ハートとクラブのＳＰ特性、そしてダイヤとスペードのＳＰ特性は真逆になります。これら真逆にあるマネジメントスタイルの中から実行可能な行動を１つだけ選び、自分のマネジメントスタイルにつけ加えるだけで、マネジメントの仕方に大きな変化が出てきます。

もし、新たなビジネススタイルの実行が難しければ、その行動をパートナーに補完もらうことも、リーダーやマネジャーとして大切です。

【図表26　ＳＰ特性とマネジメントスタイル】

	ハート♥	ダイヤ♦	クラブ♣	スペード♠
マネジメントスタイル	・ビジョンや夢を追いかけるビジョン実現型のマネジメント ・新しいことへの挑戦を好む ・目標設定や職務分掌作成が苦手 ・直観的に物事を決める ・トライアルアンドエラー（試行錯誤）を好む ・人や数字の管理は苦手 ・方針がころころ変わりやすい	・人間関係を大切にした関係調整型マネジメント ・チームワークを大切にする ・皆と相談しながら意思決定をする ・目標設定が苦手 ・目標達成への姿勢が弱い ・部下やメンバーを叱ることが苦手 ・新しいことへの挑戦が苦手 ・危険を冒すことを避ける	・課題志向の実務型マネジメント ・資料、データに基づき計画的にマネジメントを行う ・職務分掌はかけるが目標設定が苦手 ・根回しを行いながら意思決定を行う ・メンバーの気持ちや配慮が低い ・部下に必要以上の資料作成を求める ・仕事を抱え込む傾向がある ・危険を冒すことを避ける	・目標志向の目標達成型マネジメント ・目標選定は得手だが職務分掌作成は苦手 ・自ら率先垂範し無理な目標にも挑戦する ・責任感が強く決断力がある ・周囲への人間的配慮に欠ける ・部下やメンバーをほめることが苦手 ・独裁的になりやすい ・人に頼むより自分でやってしまう ・危険を冒すことができる

なりたいビジネスパーソンへのプロセス

いくら自分のSPについて理解ができても、理解したものを行動化したり、ときには行動化することを抑制しなければ、単なる自己理解に終わってしまいます。

ロベルト・アサジョーリは、サイコシンセシス（統合心理学）で心の成長へのプロセスを次のように説明しています。

① 自己理解：自分のパーソナリティ（SP）についての知識を得る。
② 自己意識：自分の様々なSPを客観的にとらえているセルフ（意識の中心）を認識する。
③ 自己解放：自分がとらわれているSPから自由になる。
④ 自己受容：気になるSPを受け入れる。
⑤ 自己統合：新たなSPも加えてパーソナリティの中に統合する。

英語を使って説明すると、右記の①が「SP」を理解する、②が「①」を意識する、③が気になるSPからの解放で「I am not SP」、④が気になるSPを受け入れ「I have SP」、そして⑤が新たなSPを加えた「I have SP＋SP」になります。

この「①」を確かなものにしていくのが、セルフ（自我）の確立であり、主体（性）の確立になります。第6章のセルフ・エンパワーメントでは、この「①」について説明します。

第6章

セルフ・エンパワーメント

人間力を高める

1　セルフ・エンパワーメント　自らの意欲と能力を引き出す

エンパワーメントとは、「力（権限）を与える」という意味の empower の名詞形で、ビジネス分野では「権限付与」とか「権限委譲」と訳されています。エンパワーメントの考え方は、男女の機会均等や女性差別の撤廃や公衆衛生、地域保健、健康、貧困、人種問題など幅広い分野でも用いられています。

これらに共通しているのは、パワーレス（力がない、力が弱い）の立場の個人や集団が、自らの生活への統御感を獲得し、組織、社会、構造に影響を与える力をつけることです。

研修では、個人がエンパワーすることをセルフ・エンパワーメント、集団やチームがエンパワーメントすることをチーム・エンパワーメントと称しています。

ビジネスパーソンは、日々、目標達成に向かって行動していくことが求められています。最近は、目標達成するスピードもより迅速さが求められています。経営者は株主に対して、管理者は経営者に対して、一般社員は管理者に対して、短期で結果を出すことが求められています。これは、日本のみならず、グローバルでビジネスを行っていくためには避けて通ることはできない現実です。

このようにビジネスパーソンは、日々の仕事に追われ、時には心身を壊すまで頑張り続けています。次のセルフ・エンパワーメントの構造モデルは、有能なビジネスパーソンになるというより、それを超えた「かけがえのない人生を主体的に生きていく」ための人間モデルです。

このモデルは、まず、土台の身体（命）を大切にし、次に人間力である主体性の確立と指針の創造、そして、仕事、家庭、プライベートなどのビジョン、目標実現のため、より行動力をつけていこうとする考え方です（次頁のモデル参照）。

2　セルフ・エンパワーメント構造モデル　身体（命）が土台そして人間力、ビジョン実現

■行動

行動とは、目標達成に向けた能力の発揮や日々の行いです。

■目標

目標とは、人生や仕事における具体的なゴールや目印で、内容・期限・達成基準などが含まれています。

■ビジョン

ビジョンとは、将来の夢や構想です。ビジョンは、生きていく上での大きなエネルギーとなります。

■指針

指針とは、自らの行動を決定したり、コントロールしていくときの基軸です。指針には、人生の生き方である人生指針と、より具体的な行動指針があります。

【図表27　セルフ・エンパワーメントの構造モデル】

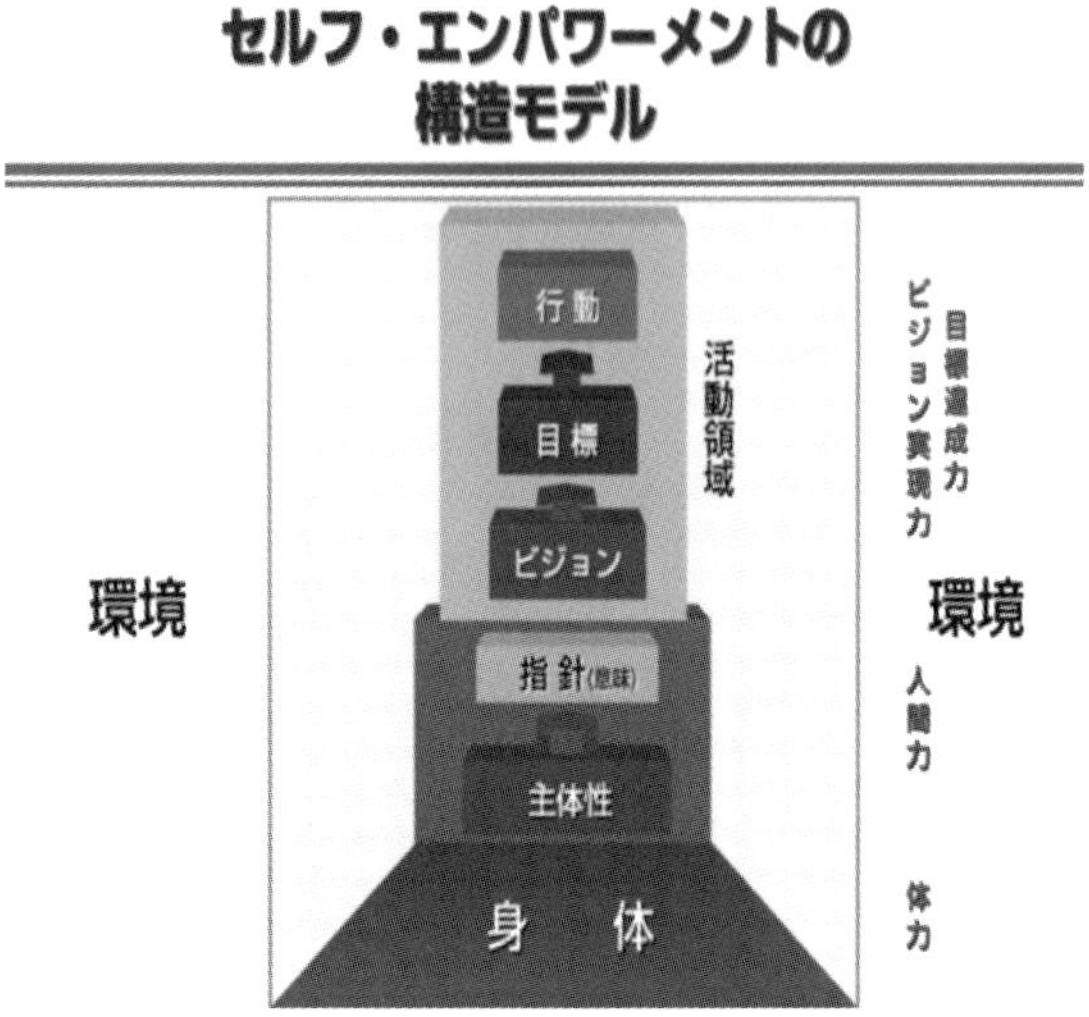

■主体性

主体性とは、あらゆる状況において、自分の意志、判断によって、自ら責任を持って行動する態度のあることです。

■身体（命）

身体（命）は、すべての基盤です。命を大切に健康であることが大切です。

※各SP特性によって上記の意欲や能力が発揮される対象に重みづけの違いがあります。

ハートは「ビジョン」、スペードは「目標」、クラブは「行動」が大切です。

そして、ダイヤは仲間や家族と一緒に実現できる「ビジョン」や「目標」、「行動」は誰かと一緒にできる集団行動が大切です。

3　個の2つの側面

持ち札（SP）と持ち札を切る私（主体）

自己理解やセルフコントロールをよくよく考えると、個には2つの側面があります。

1つ目は、自分自身のSPや欲求、感情などを理解したりコントロールする側と、2つ目は理解されたり、コントロールされる側の2つの側面です。

自己の心理学研究のウィリアム・ジェームズは、「個」について次のように述べています。

「全自己は、いわば二重であって、半ば被知者であり、半ば知者であり、半ば客体であり、半ば主体であって、その中に識別できる2つの側面がある。この2側面を簡単に言い表すために1つを客我(me)、他を主我(I)と呼ぶことにする」と述べています。

この自己の認識を意識する知者（主体）と意識される被知者（客体）との2つの区分の考え方は、その後の自己研究の基本的な枠組みとなっています。そして、これら主体（主我）と客体（客我）の2つは、日常経験では密接に結びついており、互いに独立あるいは並立するものではなく、互いに含む、含まれるという関係にあるとされています。

これら自己の発達を主体（主我）と客体（客我）によって分けて考察するのは、あくまで便宜的なものですが、多くの社会心理学研究等の研究対象は、客体（客我）についてであり、この客体（客我）を指して自己という概念になっているといわれています。サブ・パーソナリティやパーソナリティに包含される欲求や感情、思考なども、この客体（客我）に該当します。

本書でも紹介しているSPトランプを活用したSPT（トランプ）メソッドは、これら客体（客我）についての理解に留まらず。これら客体（客我）を俯瞰している意識の中心であるセルフ（自我）やこれらSPや欲求、感情、思考などをマネジメント（コントロール）する意志等の主体的な側面についても説明していきます。

主体（主我）と客体（客我）の2つの側面からのアプローチがSPTメソッドの特徴です。

4　日本人の主体（自我）

主体である自我が脆弱

自我の定義は、学者や研究者によって異なりますが、日本人の自我は脆弱《ぜいじゃく》だといわれています。

前述のように、主我と客我を合わせて自我という説や、主に主我を指して自我という説があります。心理学では、「自我の働きとは、外界に内界（客体）を適応させ、内界の均衡を保つ心的機能」、また辞書（広辞苑）では「意識や行動の主体を指す概念」とされています。

ここでは、ウィリアム・ジェームズが言う主我を自我の定義として説明していきます。

社会心理学の南博は、「日本人の自我構造の1つの際立った特徴として、主体性を欠く『自我不確実感』を考えていました。その不確実感は、弱気、内気、気がね、諦めなどの消極面に現れる。特に問題なのは、とり越し苦労、先取り主義が自己決定の回避につながっています。しかし、それがあるために、思いやり、やさしさを生み、また不確実感を克服するために熱中、研究心、向上心、融通性などの好ましい行動傾向の入り組んだ複合をもたらしている」と指摘しています。

【図表28　ＳＰＴメソッドのイメージ図】

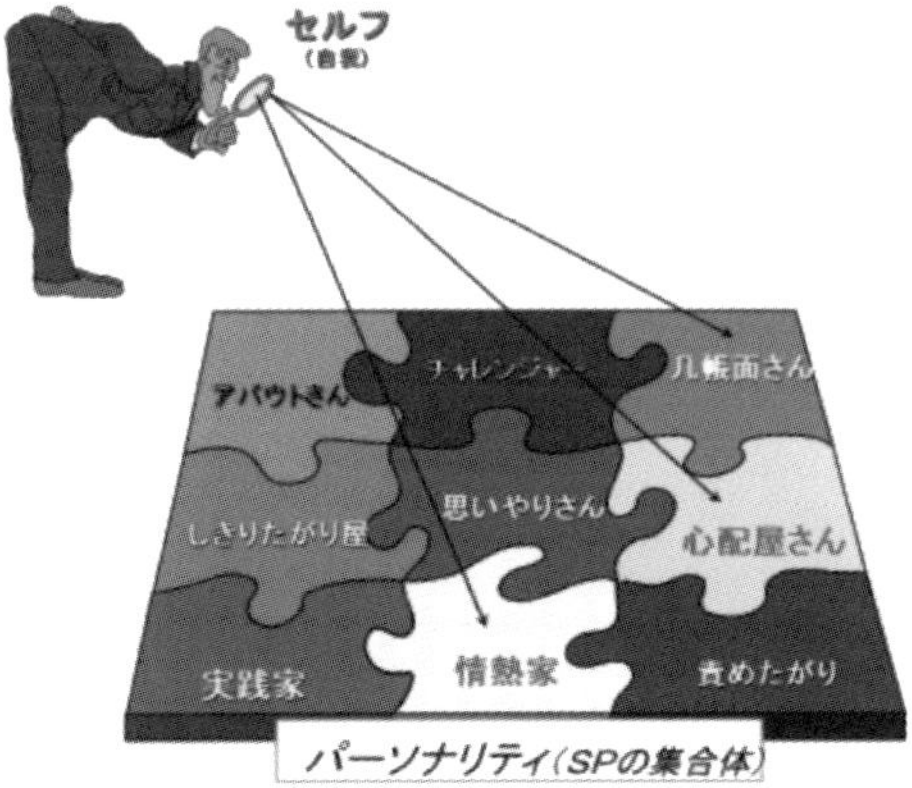

　また、分析心理学・ユング心理学の河合隼雄は、「日本人の自我は弱い。日本人の自我は母親原理に支配されている」と指摘しています。

　前者の指摘は、日本人の自我は集団依存主義や運命依存主義で集団に埋没している集団我（自分の自我を集団と一体化）であったり　後者は、父性原理の欠如が日本人の自我形成に影響を与えているという考え方です。

　客体のＳＰからの側面で考察すると、パーソナルＳＰは受容、所属欲求（母性原理）であるダイヤのSPが多く（40％）、達成、決断欲求（父性原理）であるスペードのSPが一番少ないこと（約14％）でも裏づけられます。

一方、自我心理学のハインツ・ハルトマンは、自我機能を心の安定を図る自我防衛機能だけではなく、多くの現実適応のための自我機能を定義しています。

ロベルト・アサジョーリは、セルフと自我を同じ意味で使用し、意志の働きの大切さを提唱しています。

ロベルト・アサジョーリは、セルフ（自我）とSPの関係を指揮者と楽団員の関係で説明していましたが、本書では、心のチーム・マネジメント（マネジャーとメンバー）の関係で説明しています。

セルフとは、SPを俯瞰している意識の中心で、「心のマネジャー」、意志とは、これらSPを行動化するか、行動化することを抑制する働きで「心のマネジメント」の働き、そして自我機能（役割）とは、「心のマネジメントの役割」に該当するとの考え方です。

5　心のマネジメント　持ち札を切る私（主体）の確立

(1)　心のマネジャー　心のマネジャーとしてのセルフ

ロベルト・アサジョーリは、「セルフ（自我）とは、意識の中心で純粋な自己への気づきの中心点である」といっています。

セルフにも自己の心理的、身体的欲求やSPを俯瞰（意識）しているパーソナル・セルフと個人を超えて周囲や他者の欲求やSPも俯瞰（意識）しているトランスパーソナル・セルフがあります。

これら2つのセルフは、別々のものではなく繋がっているという考え方です。

自分の利害を超え、他者や集団のために努力家のSPを行動化しているときのセルフは、トランスパーソナル・セルフといえます。

経営の神様だといわれた松下幸之助は、「一日一話」の中で次のように述べています。

「自省の強い人は、自分というものをよく知っている。つまり、自分で自分をよく見つめているのである。私は、これを〝自己観照〟と呼んでいるけれども、自分の心を一ぺん自分の身体から取り出して、外からもう一度自分というものを見直して見る。これができる人には、自分というものが素直に、私心なく理解できるわけである。こういう人には、あやまちが非常に少ない。自分にどれほどの力があるか、自分はどれほどのことができるか、自分の適性は何か、自分の欠点はどうしたところにあるのか、というようなことが、ごく自然に、何ものにもとらわれることなく見出されてくると思うからである」

この自己観照している意識の中心が、セルフになります。

⑵　心のマネジメント　心のマネジメントとしての意志

心の中にあるSPを行動化するか、行動化することを抑制するかの働きが意志です。トランプ用語でいうカードを切るか、カードを切らないかが意志の働きになります。

【図表29　連続３回が限界!?】

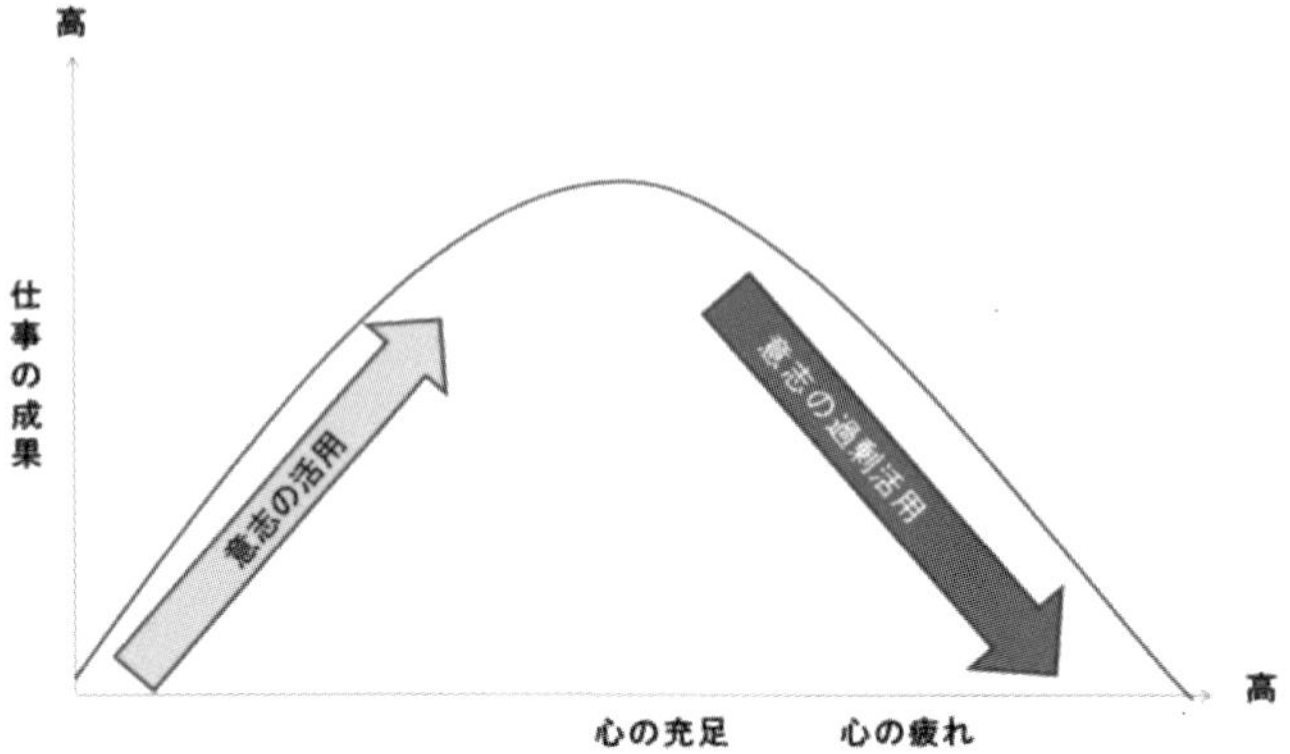

ロベルト・アサジョーリは、前述のような意志の働きの側面には強い、巧みな、そして善い意志の側面があると言っています。

また、アメリカの心理学者であるロイ・バウマイスターは、「意志は筋肉のように鍛えることもできるが、活用し続ければ筋肉疲労を起こす」と意志筋肉疲労説を唱えています。

研修時受講生に聞くと、ドライブＳＰの意志による活用は、次のように連続３回が限界であるとの例が出ています。

意志活用　連続３回が限界!?

意志の連続活用には、１日３回、１週間３回などがあります。次の例は、研修受講生から出された仕事場面での事例です。

①　講演や説明会は１日３回実施が限界

②　新規商談は１日３回、展示会での説明は３日連続が限界

③　研修講師　1週間3社が限界
④　カウンセリング、面談は1日3人が限界
⑤　気持ちの乗らない仕事は1日3回が限界
⑥　人のプレゼンを聞くのは1日3つが限界
⑦　同じ話を聞くのは1日3回が限界
⑧　採用のための訪問校数は1日3校が限界
⑨　徹夜も3日が限界
⑩　部下やスタッフの話を聞くのは1日3人が限界
⑪　会議も1日3つが限界
⑫　部下の書類の見直しは1日3回が限界
⑬　顧客や上司からのだめ出しは1日3回が限界（ダメージが大きい）

6　心のマネジメントの役割

心のマネジメントの役割としての自我機能

心のマネジメントである自我の機能は、「内なる欲求と信念・価値規範のバランスを考慮し心の安定を図る役割である防衛機能」のことを指していました。

しかし、自我心理学のハインツ・ハルトマンは、「自我の役割は、心の安定を図る役割（機能）も含め10ある」と提唱しました。また、ベラックらは，診断やアセスメントの観点から、次のようにさらに12に分類し、査定に使用しています。

【参考】Bellackらの自我の働き

①現実検討
②行動についての判断
③外界と自己についての現実感覚
④欲動，感情，衝動の規制と統制
⑤対象関係
⑥思考過程
⑦自我のための適応的退行
⑧防衛機能
⑨刺激防壁機能
⑩自律性機能
⑪総合－統合機能
⑫克服力－有能感機能

この中でも現在のビジネスパーソンにとって特に重要と考える、心のマネジメントの役割（機能）

を７つ選び説明を加えました。

(1)　主観ではなく現実を直視する役割（**主観と事実の区別**）

外部の現実を、自分自身や内面とは違うものとして認識し、それを正確に把握する働きです。現実検討機能は、最も重要な機能であるとされています。

よく上司から、「それは君の主観なのか、それとも客観的なデータなのか」と質問されることがあります。私たちは、ついつい自分のＳＰで外部の現実を見がちです。ダイヤやクラブのＳＰが多いと悲観的に、ハートのＳＰが多いと楽観的に見る傾向があります。

この役割は、自分の外界の認知傾向を理解し、現実を直視する働きです。

(2)　感情を抑制する役割（**怒り、不安感情等のコントロール**）

若いビジネスパーソンの悩みに、感情のコントロールがあります。感情的になっても建設的な話し合いはできません。

また、逆に感情を抑圧したり、抑制しすぎても心身に問題が生じてきます。

日本人の自己選択のＳＰの第2位に心配屋さん（50代は1位）がありました。感情面でいうと、日本人は心配や不安感情が強いようです。怒りの感情もさることながら、この不安感情とのつきあい方や上手なコントロールの仕方がこの役割です。

(3) 衝動ではなく見通しを持った行動をする役割（見通しを持った行動）

衝動ではなく、見通しを持った行動を判断する働きです。ダイヤのSPが多いと感覚、ハートのSPが多いと直感的に物事を判断し、行動する傾向があります。

自分のSP特性を理解し、図表30のように見通しを立てて行動する役割です。

ロベルト・アサジョーリは、意志の働きの段階には6つあると言っています。また、これらの段階は鎖の環のように連鎖しており、意図の実現は鎖の環の一番弱い部分の強さと同じであると言っています。

【図表30　主体的行動プロセス】

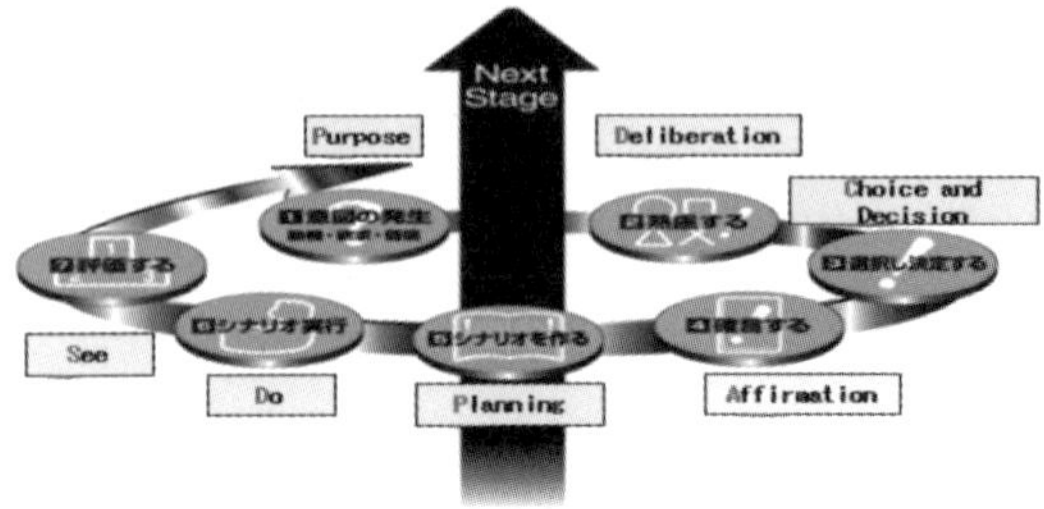

①段階　Purpose (目的)、②段階　Deliberation（熟慮）、
③段階 Choice & Decision（選択・決定）、
④段階 Affirmation（確言・指示）、⑤段階　Plan（計画）、
⑥段階 Do（実行）、⑦段階　See（反省・評価）

弊研究所では、この6つのプロセスに反省評価を付け加えた上図の7つの段階を主体的行動プロセスとして提唱しています。

意図したらすぐに行動するのではなく、①の目的、②の熟慮、そして③の選択・決定と、このプロセスを考慮して行動していくことが大切です。

(4) 他者との適切な距離や柔軟な対応をする役割（ハラスメント予防、WIN/WIN の対人関係）

自分と自分以外の他者との分離・区別を明確にし、他者との関係を適切に保ち、柔軟的に対応できる働きです。4つのＳＰ特性は背景にある強い欲求も志向性も異なります。したがって、自分がそう思っているから人も同じであると同一視しないで、相手が望む距離感や相手のＳＰ特性に合わせた対応をするのがこの役割です。

各ＳＰが望む距離感は次のとおりです。

ダイヤのＳＰ特性は特定の人と近い距離、ハートのＳＰ特性は多くの人との近い距離、クラブのＳＰ特性は誰にも邪魔されない距離、そしてスペードのＳＰ特性は人と近い距離をさける傾向にあります。

ＳＰ特性による自分にとって適切な距離を理解しながらも、相手が望む適切な距離の取り方ができる役割です。相手を不快にさせたり、尊厳を傷つけたり、不利益を与えたり、脅威を与える諸々のハラスメント防止も、この役割になります。

(5) 周囲への能動的な働きかけと能力に合った有能感を持つ役割（周囲への積極的対応）

置かれた環境に受け身に従うだけでなく、能動的に周囲に働きかけることができ、自分の能力に合った有能感を持つ役割です。

ハート、スペードのＳＰ特性の人は、本来外向的で、周囲に対しても能動的です。

しかし、ダイヤ、クラブのＳＰ特性は、内向きのエネルギーのため、周囲に働きかけるには意志が必要になってきます。

有能感については、高いことが望ましいのではなく、より能力に近い有能感が大切とされています。特にハートのＳＰ特性は有能感が能力よりも高く、クラブ特性の人は有能感が低い傾向にあります。

ハートのＳＰ特性は、少しの経験や知識ですべてを知ったつもりになる一方、クラブのＳＰ特性は、すべてを知っていなければわからない、できないと思ってしまう傾向にあります。

より能力に近い有能感を持つためには、ＳＰ特性からくる有能感傾向を理解するとともに、(1)の自我機能である現実検討も大切になってきます。

(6) 心の安定を図る役割（メンタルヘルス）

防衛機能は、自らの欲求と信念・価値規範のバランスを考慮し、不快な感情や気持ちを弱めたり避けることで、心の安定を図る役割です。ＳＰ特性によって不安や恐れの原因が異なるので、心の安定を保つためには、これら各ビジネススタイルの不安や恐れの原因を知ることが大切です。

現在のビジネスパーソンは、(1)から(5)の自我の役割が強く求められています。そのために、心が疲れ、メンタルダウンになる人も増えています。心の健康を保ち、メンタルダウンを予防するためにも、防衛機能を意識的に高めることが大切です。

リバースSPで適応的退行するのも、この防衛機能の役割になります。

(7) 心を整理する役割（自己実現、自己成長）

SPの法則にもあったように、心の中には相矛盾するSPが存在しています。内部で矛盾している要素や、様々な動きを調整し、パーソナリティの中に取り込み、統合する働きです。

自我の役割は相互に関連して作用

52のSPは、すべて心の中に存在します。しかし、矛盾するSPを意識し、受容していれば統合しやすいのですが、片方は意識していないSPであったり、受容しにくいSPであれば、自分の人格であるパーソナリティの中に取り組むのにエネルギーがいります。

特に、仕事で役割や立場が変わったときは、今までワーキングSPで選択しなかったSPをワーキングSPに加えたり、今まで活躍してくれたSPを休ませるなど、心の中の整理が求められます。そして、仕事を通じて形成した新たなSPをパーソナルSPに加えていくことで、人間としての円熟味を増していくことが可能になります。

ビジネスパーソンにとって重要な心のマネジメントの役割を紹介しました。

これらの自我の役割（機能）は、それぞれが独立したものではなく、相互に関連し、作用しています。

7　主体性確立の段階

主体性確立の段階は4段階ある

主体性確立の段階には、次の4段階があります。

第1段階　他者に依存・集団に埋没（没個的）

組織や役割に埋没してしまい、自分自身を見失っている段階。絶えず皆と同じでなければ不安なために、自分を犠牲にしています。

主体性を見失っているか、確立できていない状態。他者や組織に対して依存的で、一般的にいわれる会社人間や滅私奉公がこの段階になります。

第2段階　他者・集団からの独立（個の芽生え）

積極性が芽生え、皆と違う思考・行動パターンをとることによって自分の存在を確認します。「皆と同じじゃなくてもかまわない」「私は皆と違う」ことを大切にし、自分の考えを主張できる段階です。

第1段階からこの段階に上がると、今まで依存していた人たちから見れば生意気に見えたり、出る杭は打たれたりします。

しかし、次の第3段階である他者や組織と共存共栄の関係になるためには、通過していかなければならない段階でもあります。

この段階の成長課題を解決せずに次の段階にいくと、他者・集団との共存共栄の関係のように見えても、単に他者・組織に迎合しているに過ぎない場合があります。

第3段階　他者・集団との共存共栄（個の確立）

お互いに違うことを受け入れることができ、他人の考えや行動も尊重でき、行動は目標指向的で自己管理ができるようになる段階です。

無目的・刹那的な行動ではなく、自らが設定、選択した目標に向けた行動ができます。自己責任が取れる表現や態度が取ることができます。経済的、生活的に自立しながらも、精神的にも自律している段階になります。

そして、自分の気持ちや考え方を大切にしながらも、相手の気持ちや考え方も尊重できるWIN/WINの関係を持つことができる段階です。

第4段階　自分も集団も超越する（超個的）

他人も自分も超えたところの意識が持てる、お互いを超越したもっと高い次元にある、集団・組

【図表31　主体性確立の段階】

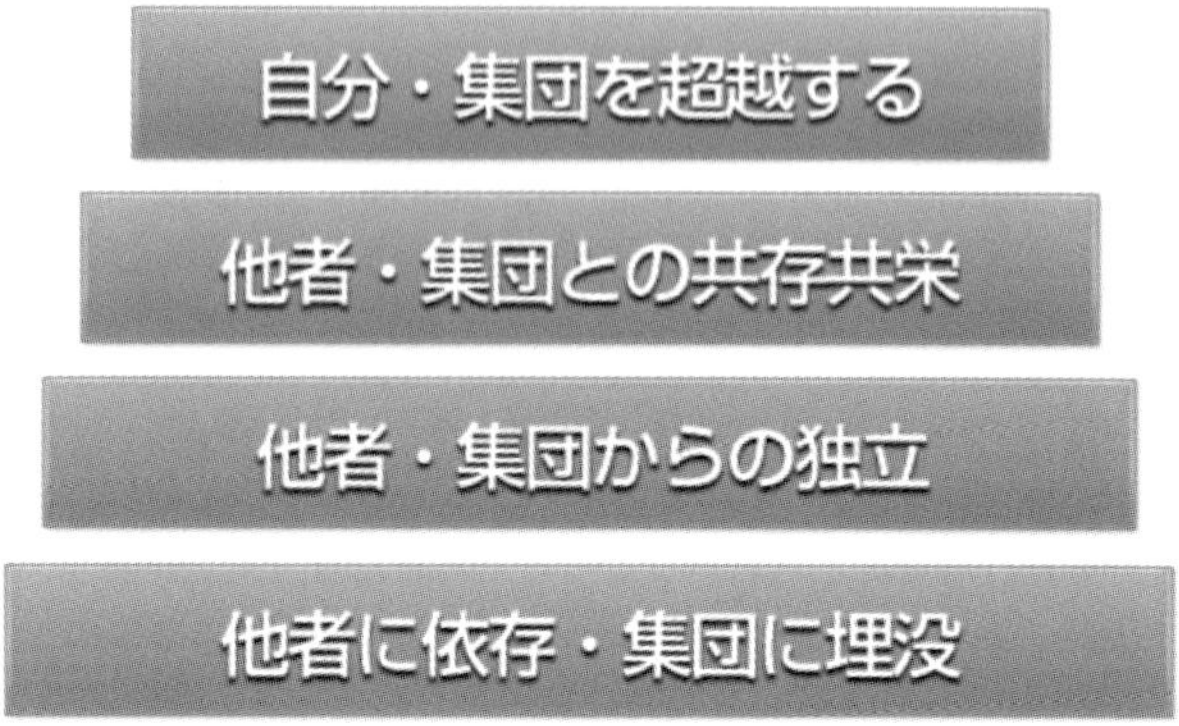

織・顧客・社会・地球的・宇宙的な視野に立った考え方ができる段階です。

他者との関係において、職場や会社全体から見たらどうだろうか、顧客の観点で見たらどうだろうか、地球や宇宙（自然）の視点で見たらどうだろうかなど、より全体最適の視点でWIN/WINの関係づくりができる段階です。

A・Hマズローは、「超越とは、人間の意識が最高で、包括的で、全体論的な水準を意味するもの。その行動や関係は、自己、特定の相手、人類一般、他の種族、自然、宇宙に対して、手段として位置づけるのではなく、むしろ、最終的な目的として取り組むことである」と言っています。

【参考】

２００６年に、日本人（社会人）の主体性確立の段階を調査しました。調査は、４段階のどの段階（各段階の中間もいれた７段階）に位置するかの平均です。

このデータを見ると、入社2～3年目の832名の平均は1・9段階、50歳代278名（管理監督職と非管理監督職）の平均は2・2段階でした。

第2段階の「他者・集団からの独立（個の芽生え）」の前後の数値でした。現在も研修時データを取り続けていますが、大きな変化は出ていません。

2006年（3，919名）と2015年（1，064名）のSP特性の変化を調査したところ、能動・外向的なハートが0・9ポイント減少、スペードが2・2ポイント減少、受動・内向的なダイヤは同じで、クラブのSP特性が3・1％増加しています。

このSP特性も、主体性確立の段階に影響を与えていると考えられます。

8　かけがえのない人生を生きるための基軸　人生指針と行動指針

自己理解ワーク19　人生指針と行動指針の創造

指針とは、あなたの人生哲学や信念がベースにしてできた基軸であり、座標軸のことです。そして、自分自身の今後の生き方を、具体的な言葉や文章で表現したものです。

指針の類似語として、「座右の銘」「モットー」などがあります。著名人やビジネスの世界で成功した人の「座右の銘」や「金言」などをよく口にします。

彼らは、自分の人生やビジネスの世界で成功したから自らの「指針」が明確になったのか、それとも自分の「指針」を持っていたので成功したかといえば、筆者は後者だと考えています。なぜなら「指針」は、自らの人生の方向性であり、日々の行動基準になるからです。

「主体性の確立」と「指針の創造」は、相互に関連し合っています。主体性が確立している人は、人生の指針や行動の指針を持っています。また、「指針」を持っている人は、自らの「指針」に基づき行動しているので、主体性が確立しているともいえます。

人生の指針とは、あなたが人生で大切にしていること、あなたの人生の目的や生きる目的、あなたにとって幸福になる生き方です。

また、行動指針には、仕事をするときに心がけていること、家族や友人に接するときに心がけていることなど、仕事か友達関係など各種の指針があります。

他人や世間のモノサシに盲目的に合わせたものではなく、かけがえのない人生を歩むためには、自分自身の基軸である人生指針が大切になってきます。

これら指針にしばられた生き方も息苦しい人生やビジネススタイルになりますので、何か行動選択に迷いが生じたときの目安として活用してください。

・私の人生指針「　　　　　　　　　　　　　　　　　　　　　　　　　　　　」

・私の行動指針「　　　　　　　　　　　　　　　　　　　　　　　　　　　　」

第7章

日本人（社会人）のサブ・パーソナリティのデータ

1　パーソナルSPとワーキングSPのデータ

パーソナルはダイヤ、ワーキングはクラブのSP特性が多い

・調査目的・日本人（社会人）が本来持っているパーソナルＳＰと仕事や職場で出しているＳＰの特性を知る。

・調査方法・企業研修時に受講生が記載した内容を集計。

パーソナルＳＰとは、自分が持っている、意識しているＳＰ。

①　自分が持っている（意識している）ＳＰと持っていない（意識していない）ＳＰに2分する。

②　持っているＳＰであるパーソナルＳＰについては、何のマークが一番多いかを調査。

③　ワーキングＳＰは、パーソナルＳＰで仕事や職場で出している、出てくるＳＰ。そしてワーキングＳＰの中でもよく出てくるベスト10を選び、何のマークが一番多いかを調査。パーソナルＳＰも、ワーキングＳＰも、マークの数が同数の場合は複数のマークに集計。

・対象者・12社（グループ会社の場合は1社とする）９７３名。

・調査時期・２０１５年10月～２０１７年3月。

・調査結果・図表32のとおり。

★ビジネスパーソン（社会人）の職場や仕事場面で出てくるワーキングＳＰのベスト10（図表33）

【図表32　パーソナルＳＰ（ＰＳＰ）とワーキングＳＰ（ＷＳＰ）の割合】

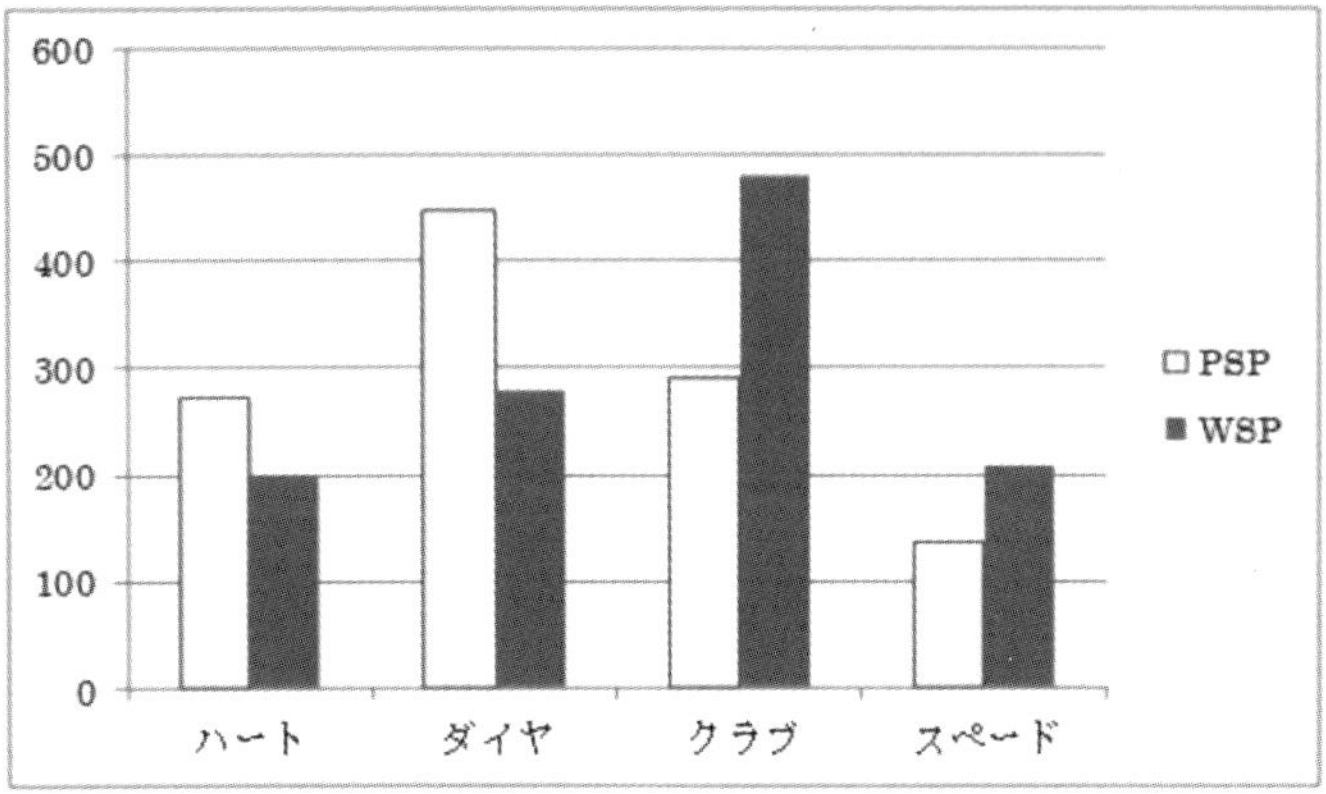

【図表33　ワーキングＳＰベスト10】

1位	2位	3位	4位	5位	6位	7位	8位	9位	10位
♥3 面倒くさがり屋	♣5 心配屋	♥5 アバウトさん	♥1 気分屋	♣12 まじめさん	♣9 慎重さん	♥2 飽き症さん	♦5 キョロキョロさん	♣7 がまんさん	♠9 勝気さん
629人	469人	445人	329人	314人	312人	307人	239人	285人	277人

50代のみ1位が心配屋さん、2位が面倒くさがり屋さんになっていました

の下段数字は、１０６４名（図表31の対象者とは別途調査）が1人10枚選択、そして何名が各ＳＰを選んだかの数字です。

日本人のワーキングＳＰは、面倒くさがり屋が一番多く、次いで心配屋さん、アバウトさん。そして、１０６４名×10枚の平均数値（トランプの数字）は6・77（ベスト10は5・8）で、真ん中の7より下回っています。自らを過少評価する傾向にあります。

2　ドライブＳＰ、ギィルティＳＰ、リバースＳＰのデータ

・調査目的・日本人（社会人）のドライブＳＰとギィルティＳＰの内容並びに形成時期を知るため。

・調査方法・企業研修時に受講生が記載した内容を集計。

①　ドライブＳＰとは、行動化しなければ後で悔いが残るもの。

②　ギィルティＳＰとは、行動化すると後で悔いが残るもの。

③　ＳＰトランプから各3枚選択。ＳＰの定義、形成時期、形成のエピソードも記述。

④　形成時期は、生来的、幼児、小学生、中学生、高校生、大学・院生、社会人より、最初に形成された時期を選出。

⑤　リバースＳＰは、ドライブＳＰの形成以前に持っていたＳＰ、または現在ドライブＳＰの真

逆にあるもの。

・対象者・42社（グループ会社の場合は1社とする）１０６４名。
・実施時期・２０１４年1月～２０１５年2月。
・調査結果・図表34、35のとおり。

(1) ドライブSPのベスト10のデータ　ガンバリ屋、チャレンジャー、努力家がベスト3

ドライブＳＰの上位は、１位ガンバリ屋、２位チャレンジャー、３位努力家、４位誠実さん、５位信念さんとなっています。数字は、各マークとも社会通念上〝強み〟とされる８以上の高いＳＰでした。

ドライブＳＰの形成時期を調べると、社会人になって初めて形成した割合が33％、幼児期が４％、小学生時が19％、中学生時が12％、高校生時、大学・院生時が９％となっていました。

この結果から、社会人になって、仕事や顧客、職場の人間関係での葛藤を乗り越えた成功経験や、幼児期から小学生になって友達関係や学業、遊び、スポーツの中での葛藤を乗り越えた成功経験がドライブＳＰの形成に大きな影響を与えていると考えられます。

形成時期が幼少時の1位はがまんさん、小学生から高校生の時期はガンバリ屋さん、大学・院生はチャレンジャー、そして社会人は誠実さんになっていました。

社会人になって初めて形成したドライブＳＰだけを取り出して調べてみると、上位は1位誠実さ

【図表34　ドライブＳＰベスト10】

1位	2位	3位	4位	5位	6位	7位	8位	9位	10位
♠10 ガンバリ屋	♥11 チャレンジャー	♣8 努力家	♦12 誠実さん	♠11 信念さん	♣7 がまんさん	♣10 冷静さん	♠13 実践家	♠9 勝気さん	♣9 慎重さん
256人	222人	193人	163人	154人	146人	133人	131人	127人	121人

【図表35　ギィルティＳＰのデータ】

1位	2位	3位	4位	5位	6位	7位	8位	9位	10位
♠3 切れ屋さん	♣4 言い訳さん	♠1 責めたがり	♥3 面倒くさがり屋	♥4 わがままさん	♦2 迷子さん	♦1 いじけ屋さん	♥1 気分屋	♥5 アバウトさん	♠2 冷ややや家
410人	360人	340人	216人	152人	151人	127人	108人	85人	81人

ん、２位冷静さん、２位だんどり屋、４位チャレンジャー、５位慎重さんとなっています。これは社会人になって仕事環境で周囲から期待されるものが大きな要因になっていると考えられます。

また社会人になっての形成割合は職種によって差があります。同じ30代で比較すると、ユーザーのところで常駐しているＳＥは60％、顧客対応している販売店の店長は40％と高く、研究職は10％、技術職は20％と低くなっていました。

これは日常、顧客と接する機会が多い職種の方が新たなドライブＳＰを形成していることがわかります。

また顧客と接する機会が少ない職種は、社会人になって新たに形成する割合が少ないようです。

(2) ギィルティSPのベスト10のデータ　切れ屋さん、言い訳さん、責めたがりがベスト3

ギィルティSPの1位は切れ屋さん、2位は言い訳さん、3位は責めたがりになっています。これは、まさに日本の社会規範の影響を多分に受けています。

数字は、各マークとも社会通念上〝弱み〟とされる5以下の数字低いSPでした。選んでいるSPは、上記の10枚のワーキングSPと他者からのフィードバックを合わせた自己所有から選んでいる割合が31％でした。

社会人2年目以上を対象にギィルティSPの形成時期を調べると、ドライブSPと同じ傾向にあり、社会人が一番多く34％、次いで小学生時16％になっていました。この理由は、ドライブSPと同様、顧客相手に仕事をすることによって形成されたものと考えられます。

社会人になって形成したギィルティSPの割合は34％で、ドライブSPの割合32％を比較すると、ギィルティのほうが2ポイント上回っていました。小学生時の形成割合は、逆にドライブSPのほうが上回っていました。社会人になってからのほうが、出してはいけないSPを学んでいるのかもしれません。

社会人になって初めて形成したギィルティSPだけを取り出して調べてみると、上位は1位責めたがり、2位言い訳さん、3位切れ屋さんとなっていました。

上記の社会人のベスト3と順位こそ違うものの同じSPになっています。これは、幼児期から社会人まで、日本の社会規範が影響を与えていると考えています。

ギィルティSPの内容は、企業によって大きく変わらないものの、業種や職種、そして部下の有無で順位の違いは出てきています。

⑶　リバースSPのデータ　リバースSPは各種各様

リバースSPは、図表35のように、同じドライブSPでもリバースSPが異なっていることです。日本人の第1位になっているガンバリ屋のドライブSPを持つ10人の受講生が、ガンバリ屋に対するリバースSPを書いてもらったところ、9種類のリバースSPを選んでいました。同じ前進役のドライブSPに対して、バックの仕方はまさに十人十色であることがわかりました。

このように、自分に合ったリバースSPを持っていることが大切なのと、リバースSPは適度な退行になりますので、TPO（時・所・場合）をわきまえない行動化や、過度なリバースSPの行動化はギィルティSPになってしまい、後で悔やまれることも多いようです。後進は、ほどよさが大切なのかも知れません。

3　心にゆとりがあるときに出てくるSP、心が疲れたときに出てくるSP

・調査目的・日本人（社会人）の心にゆとりがあるときに出てくるSP、心が疲れたときに出てくるSPを知るため。

【図表36　ビジネスパーソンのリバースＳＰの事例　ドライブＳＰ上位３の事例】

(ア)「ガンバリ屋」のドライブSPに対するリバースSPと行動化の事例

友好家♦12	１人で頑張らないで誰かに助けてもらう
ほがらかさん♦9	気分転換を図る
のんびりさん♦8	ペースダウンを図る
損得屋♠4	頑張っていることが正しいのか、このままでいいのか一時考える
面倒くさがり屋♥3	一時放棄する
冷静さん♣10	他者でもできることはお願いする
白黒さん♠6	頑張るに値しないものはあえて頑張らない
ハッピーさん♥10	楽観的に考える
アバウト♥5	テキトウに頑張る

(イ)「努力家」のドライブSPに対するリバースSPと行動化の事例

のんびりさん♦8	休むことが大切(プライベート)とにかく寝る
自信家♠6	努力より結果がすべてと考える

(ウ)「チャレンジャー」のドライブSPに対するリバースSPと行動化の事例

冷静さん♣10	行動する前に考える
のんびりさん♦8	日常業務以外はのんびりと過ごす
言い訳さん♣5	チャレンジしない理由を考える
慎重さん♣9	リスクをできるだけ排除する
わがまま♥4	自分のペースでチャレンジ
飽き性さん♥2	飽きたら違う課題にチャレンジ

【図表37　心にゆとりがあるときに出てくるＳＰ、心が疲れたときに出てくるＳＰ】

	心にゆとりがあるときに出てくるＳＰ	枚数		心が疲れたときに出てくるＳＰ	枚数
1位	おおらかさん	37	1位	責めたがり	40
2位	思いやり	36	2位	切れ屋さん	40
3位	チャレンジャー	32	3位	心配屋さん	37
4位	ほがらかさん	31	4位	面倒くさがり	36
5位	友好家	27	5位	ナーバスさん	33
6位	ハッピーさん	23	6位	いじけ屋さん	32
7位	人情家	22	7位	言い訳さん	23

・調査方法・企業研修時に受講生が記載した内容を集計。
①　心にゆとりがあるときに出てくるＳＰ。
②　心が疲れたときに出てくるＳＰ。
③　ＳＰトランプから選択。枚数は無制限。
・対象者・携帯電話販売、ＩＴ関連企業の計８社計97名。
・調査時期・２０１１年11月〜２０１２年11月（６回の研修）。
・調査結果・図表37参照。
図表37のＳＰを見ると、心にゆとりがあるときに出てくるＳＰ（おおらかさん♡８、思いやり◇10、チャレンジャー♡11、ほがらかさん♡８、友好家◇13、ハッピーさん♡10、人情家◇11）は、すべて赤系統で、数字の高いＳＰであるのに対して、心が疲れたときに出てくるＳＰ（責めたがり♤１、切れ屋さん♤３、心配屋さん♧５、面倒く

さがり♡3、ナーバスさん♧3、いじけ屋さん◇1、言い訳さん♧4）は、７枚中５枚が黒系統で、すべて数字の低いSPになっています。

★ある研究所の受講生25名のデータ

同じメンバーを期首と期末に出てきたワーキングSPを比較したところ、期末の忙しい時期にとったデータでは、クラブのSP特性の割合が増えていました。

【図表 38　期首と期末のＳＰ特性比較】

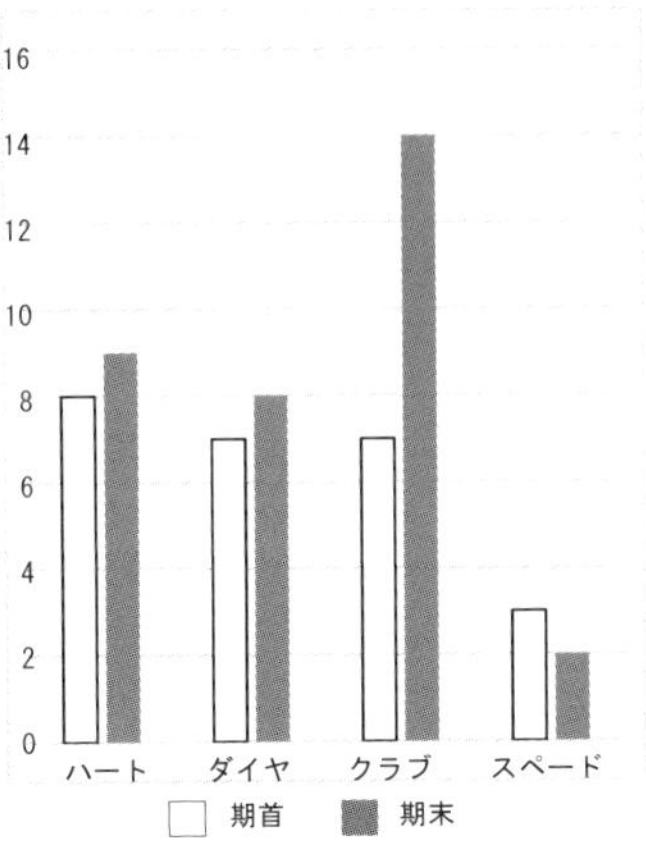

4　コミュニケーションがとりづらい人のＳＰ特性

・調査目的・コミュニケーションがとりづらい人のＳＰ特性を知る。
・調査方法・企業研修時に受講生が記載した内容を集計。
・対象者・２社（グループ会社の場合は１社とする）、１，４６７名（重複回答延べ人数）、入社２～３年目
・調査時期・２０１６年３月。過去15年間の集計。
・結果・図表39、40のとおり。

【図表 39　結果】

ハート	ダイヤ	クラブ	スペード
186	126	608	547

【図表 40　コミュニケーションをとりづらい人のＳＰの特性】

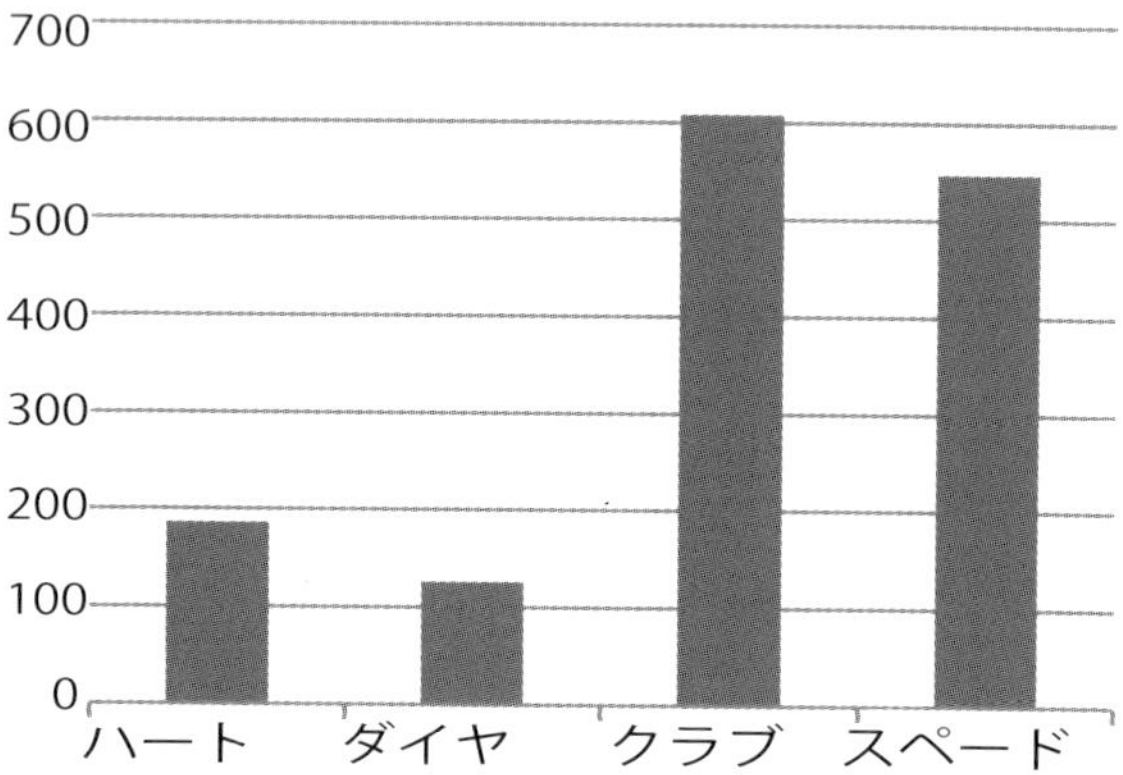

考察

コミュニケーションをとるのに苦慮している人の相手のＳＰ特性は、圧倒的に黒系統に属する感情抑制的で、論理的な人です。

若い人にとっては、ややクラブタイプを苦手としています。

黒系統のＳＰ特性を苦手とする理由は、次のようなことが考えられます。

① コミュニケーションは、相手からの反応があって継続し、発展する。しかし、黒系統は、反応がすぐに返ってこない。

② 黒系統は、人間志向より課題志向である。したがって、仕事や興味のあるテーマには関心を持つが、個人的な話や世間話には関心が低い。したがって、話題が違う。

③ コミュニケーションの仕方が感覚的ではなく、論理的である。

5　外国人（海外在住）のSP特性

・調査目的・海外に在住の外国人とのSP特性の比較。

・調査方法・日本のプラント建設（主に石油産出国）の海外関係者を対象に実施。中国人については、中国での管理者研修の受講生のデータ。

・対象者（国籍と人数）・Nigeria4、China 152、Indnesia11、Kazakhstan 14、Malaysia 5、Myanmar 2、Thailand 3、Vietnam 3、Russia 1、Bahrain 1、Iran 26、Iraq 1、Kuwait 19、Oman 2、Pakistan 4、Qatar 4、Saudiarabia 9 UAE 3、Yemen 2、Libya 5、Colombia 2、Mexico 2、Total 268名。

・結果・図表41のとおり。

【図表41　結果】

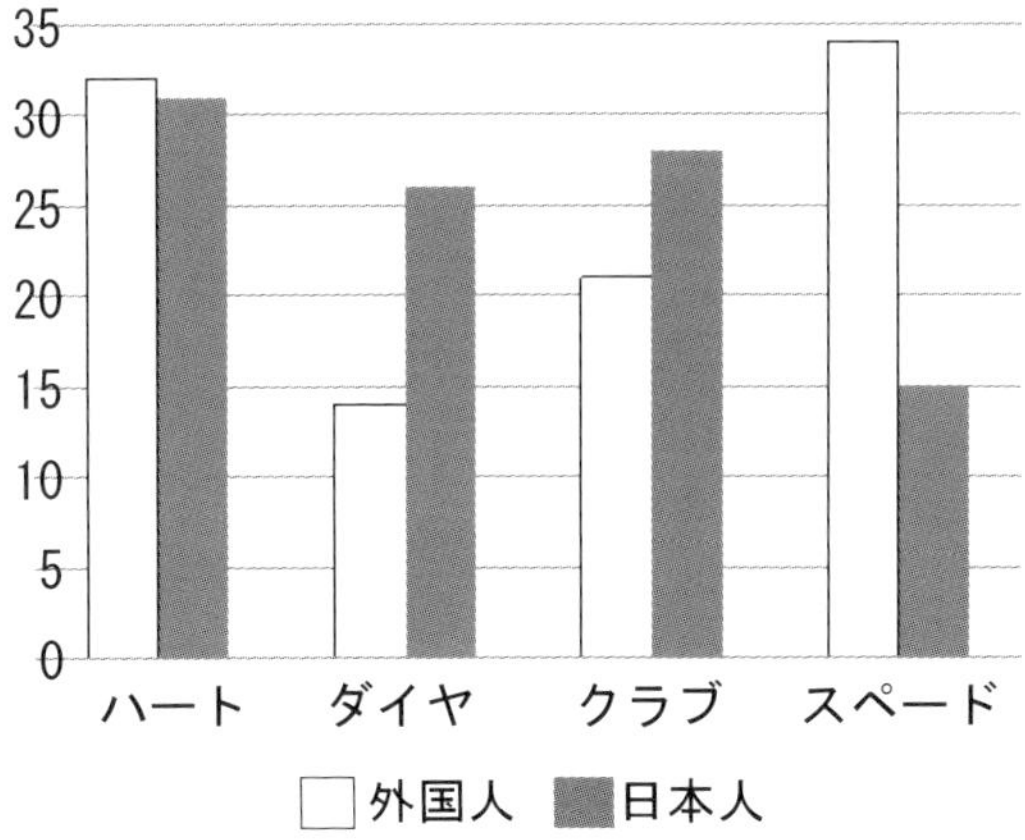

日本人と外国人との比較

①　日本人は、受動的・内向的なクラブ、ダイヤが外

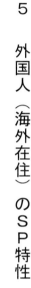

国人より上回っている。

② 外国人のほうが、論理、主張的なスペードのSP特性の割合が、圧倒的に日本人より上回っている。

考察

外国人のデータは、日本在住ではなく、海外在住の外国人です。日本にいる外国人は、日本社会に適応したり、日本人に対応するために新たなSPを形成しています。したがって、このデータは、貴重なデータと考えられます。ただし、石油産出国が多いために国に偏りがあります。

２０１５年の調査では、日本人のハート、スペードの能動的・外向的なSP特性を持った人は46％に対して、外国人は66％になっています。

これは、行動面においては積極性、コミュニケーション面においては自己主張性となって現れています。

グローバル化が進む中で仕事をする上においては、日本人の積極性、自己主張性が課題といえます。特に、スペードのSP特性については、日本人が15・３％と一番少ない割合に対して、外国人は34％と一番多い割合になっています。

スペードのSP特性の主立ったものを列挙すると、①１人で仕事ができる、②自己決定ができる、③自己責任を負うことができる、④論理的に物事を考えることができる、⑤自己主張ができる、があります。

あとがき

ビジネスパーソン向けの自己理解の本がこのように出版できたのは、多くの方々のご協力の賜物と感謝しています。

今日まで一緒に活動してくれたエンパワーメントカウンセラー、そして、ＳＰトランプファシリテーターの皆さん、さらにはデータ収集にご協力いただいた研修参加者、並びに教育担当者の皆さん、執筆内容のアドバイスやご協力いただいたプロの教育コンサルタント研究会の皆さんや株式会社アイベックス・ネットワークの皆さん、多くのデータを客観的に考察したり、各ＳＰのプロフィール作成にあたって協力してくれた弊研究所の加藤祐一研究員、出版にあたってお力添えいただいた有限会社イー・プランニングの須賀柾晶氏にもお礼を申し上げたいと思います。

ありがとうございました。

八尾　芳樹

参考・引用文献

第1章

・パーソナリティとは「人格心理学　上」G.W.オルポート今田恵監訳　誠信書房
・性格／「性格心理学」清水弘司　ナツメ社
・サブ・パーソナリティ／「喜びの教育」ダイアナ・ホイットモア手塚邦恵訳、平松園枝解説、春秋社
・ソーシャル・スタイル／「PERSONAL STYLES & EFECTIVE PERFORMANCE」デービット・メリル、ロジャーリード　CHILTON BOOK COMPANY
・SPトランプ／八尾芳樹と角本ナナ子　共同企画開発
・SPトランプ／「セルフ・エンパワーメント」八尾芳樹、角本ナナ子　東京図書出版
・SPの法則／「セルフ・エンパワーメント」八尾芳樹、角本ナナ子　東京図書出版
・基本的欲求／（学）産業能率大学経営本部　PIA（対人影響力）テキスト　3－7～10
・レヴィンの法則／「ヒューマンモチベーション」バーナード・ワイナー　林保・宮本美沙子監訳　金子書房

第2章

・SPの配置／「セルフ・エンパワーメント」八尾芳樹、角本ナナ子　東京図書出版

第3章
・ドライバー／「カウンセリング辞典」／國分康孝編　誠信書房
・ドライブSP、ギィルティSP、リバースSP／「SPTメソッド実践編SPトランプワークブック」
八尾芳樹エンパワーメントカウンセリング研究所

第4章
・機づけ理論／「行動科学の展開」P・ハーシー、KH・ラチャード共著　山本成二、水野基、成田攻訳
・ユングのタイプ論／「タイプ論」C.G.ユング　林道義訳　みすず書房

第5章
・ラーニングスタイル／（学）産業能率大学経営開発本部開発　コーチング研修
・コーチングスタイル／（学）産業能率大学経営開発本部開発　コーチング研修
・コミュニケーションとは／エッセンシャル版「マネジメント」P.F.ドラッカー　上田惇生　ダイヤモンド社
・他者対応のレベル／対人能力を伸ばせ　ロバート・ボルトン、トロシー・ボルトン、上野一郎監訳、宮城まりこ訳　産業能率大学出版部
・自己実現へのプロセス／「セルフ・エンパワーメント」八尾芳樹、角本ナナ子　東京図書出版

第6章

・主我と客我／「日本人らしさの発達社会心理学」　高田利武　ナカニシ出版
・セルフイメージ図／「セルフ・エンパワメントテキスト」（学）産業能率大学経営開発本部
・パーソナル・セルフ、トランスパーソナル・セルフ／「サイコシンセシス」　R・アサジョーリ、国谷誠朗・平松園枝共訳　誠信書房
・意志／「意志のはたらき」　R・アサジョーリ　国谷誠朗・平松園枝共訳　誠信書房
・意志／「意志力の科学」　ロイ・バウマイスター、ジョン・ティアニー　渡会圭子訳　インターシフト
・主体的行動プロセス／「セルフ・エンパワメントテキスト」（学）産業能率大学経営開発本部
・日本人の自我／「日本的自我」　南博　岩波新書
・日本人の自我／「母性社会　日本の病理」　河合隼雄　講談社＋α文庫
・超越とは／「人間性の最高の価値」　A・H・マスロー　上田吉一訳　誠信書房
・自我の機能／「深層心理なるほど講座」　南博　日本実業出版社
・自我の機能／「心理アセスメントにおける自我機能」　神谷栄治・西原美貴　椙山女学園大学研究論集
・主体性確立の段階／「セルフ・エンパワーメント」　八尾芳樹、角本ナナ子　東京図書出版
・自己観照／「一日一話」　松下幸之助　PHP 研究所編

第7章

・各データ／「ＳＰＴメソッド実証データ編」八尾芳樹監修　加藤祐一執筆　エンパワーメントカウンセリング研究所

著者略歴

八尾　芳樹（やお　よしき）

SP 特性と指針：パーソナル SP はハート、ワーキング SP はスペード、そしてホーム SP はクラブ。ただし、孫が来るとハートの SP 特性。ドライブ SP は実践家、チャレンジャー、誠実さん。リバース SP はジョーカーのはしゃぎ屋さんと引きこもり。そして、ギィルティ SP は言い訳さんとジョーカーの怠け者と切れ屋さん。人生の指針は、30 代「共燃性（造語）」、40 代「あくなき創造と挑戦」、50 代「身近な人を大切にする」、60 代以降「感謝の念を忘れない」。年代が増すごとに新たな指針が加わり、現在は 4 指針。そして、仕事の行動指針（モットー）は、「わかりやすく、楽しく、役に立つ」。1 つ欠けても研修ではない。

略　歴

1970 年　神戸商船大学航海科卒業（現　神戸大学海事科学部）。製壜会社にて人事労務、労働組合、社会活動部担当。
1987 年　ファミリーサポート協会設立。
1992 年　有限会社 YAO 教育コンサルタントを設立。
1993 年　エンパワーメントカウンセリング研究所開設。
現在、学校法人産業能率大学総合研究所特任講師。指導先は、各業界リーディングカンパニーを中心に 370 社を超える。

専門は、社員の主体性を育てるセルフ・エンパワーメント、チーム・職場力を高めるチーム・エンパワーメント、コミュニケーション、コーチングが専門領域。

主催講座関係

① SP トランプの講師養成「認定 SP トランプファシリテーター養成講座」
② 家族、職場、学級の問題解決解消のファシリテーター養成「認定システムズ・アプローチ“造形法”ファシリテーター養成講座」
③ 他者のセルフ・エンパワーメントの支援ができる「認定エンパワーメントカウンセラー養成講座」

連絡先
エンパワーメントカウンセリング研究所（YAO 教育コンサルタント）
〒 651 － 2242 神戸市西区井吹台東町 1 丁目 5 － 17 － 102
E-mail：ecl@yao-ec.co.jp
SP トランプ公式 HP　http://www.yao-ec.co.jp

ビジネスパーソン52の人格　サブ・パーソナリティ

2018年 9 月28日 初版発行　2024年 9 月2日 第 2刷発行

著　者　八尾　芳樹　© Yoshiki Yao

発行人　森　忠順

発行所　株式会社 セルバ出版
〒 113-0034
東京都文京区湯島 1 丁目 12 番 6 号 高関ビル 5 B
☎ 03（5812）1178　FAX 03（5812）1188
https://seluba.co.jp/

発　売　株式会社 創英社／三省堂書店
〒 101-0051
東京都千代田区神田神保町 1 丁目 1 番地
☎ 03（3291）2295　FAX 03（3292）7687

印刷・製本　株式会社 丸井工文社

ISBN978-4-86367-454-7